生活·讀書·新知 三联书店

冯幼衡 著

形象之外

张大千的
生活与艺术

**图书在版编目（CIP）数据**

形象之外：张大千的生活与艺术／冯幼衡著. —北京：
生活·读书·新知三联书店，2019.3
ISBN 978 – 7 – 108 – 06121 – 8

Ⅰ. ①形…　Ⅱ. ①冯…　Ⅲ. ①张大千（1899—1983）－生平事迹
Ⅳ. ① K825.72

中国版本图书馆 CIP 数据核字（2017）第 238584 号

责任编辑　唐明星
装帧设计　康　健
责任印制　卢　岳
出版发行　生活·讀書·新知 三联书店
　　　　　（北京市东城区美术馆东街 22 号 100010）
网　　址　www.sdxjpc.com
经　　销　新华书店
排　　版　北京金舵手世纪图文设计有限公司
印　　刷　北京市松源印刷有限公司
版　　次　2019 年 3 月北京第 1 版
　　　　　2019 年 3 月北京第 1 次印刷
开　　本　880 毫米 × 1230 毫米　1/32　印张 7.5
字　　数　159 千字　图 79 幅
印　　数　00,001 – 10,000 册
定　　价　58.00 元
（印装查询：01064002715；邮购查询：01084010542）

# 目 录

# 序 为艺术立心的大千

台静农

幼衡将她近年所写关于大千先生的文章编成集子，要我写一小序。此时大千正卧病医院，我们心情都非常沉重，而她的书正待出版，一时实不知怎样下笔。幼衡因言："你只写点你对他的艺事的看法，或朋友间的杂事，我的文章则是忠实的记录，不必有何称美。"幼衡在摩耶精舍任记室多年，日在大千画室左右，见闻自为亲切。以她真诚的性格，任何叙述，皆写实可信，而她明洁的文笔又足以达之，其为大千传记部分的资料，则是无可置疑的。大千一生绚烂，世人多当他是传奇人物，其实也是凡夫。大千平日告诉后生，三分天才七分功力，大千本人并不如此，他是无比的天才与功力，才得超凡入圣的。幼衡希望我能对大千的艺事，有所评价，我固无此能力，即并世的评论，也未必能全窥其真风貌，将来历史自有定评。

且谈一二旧事吧。犹记三十年前陪大千去台中北沟"故宫博物院"看画，当时由庄慕陵兄接待，每一名迹到手，随看随卷，亦随时向我们说出此画的精微与源流，看画的速度，不免为之吃惊。可是有一幅署名仇十洲而他说是赝品的着色山水，他不特看得仔细，并且将是画结构，及某一山头、某一丛林、某一流水的位置与颜色，都分别注在另一纸片上。这一幅画，他在南京时仅一过目，却不同于其他名迹早已记在心中，这次来一温旧梦而已。这一小事，使我看出他平日如何用功，追索前人，虽赝品也不放过其艺术的价值。

当晚大千在招待所客厅据案作画，分赠"故宫博物院"执事诸君，大家一起围观，只见其信笔挥洒，疾若风雨，瞬息便成一幅。观者欢喜赞叹，此老亦掀髯快意，一气画了二十余幅。因而想到，抗战前，大千任中央大学教授，每周来南京，落脚在张目寒兄家。有次在目寒家客厅，一面作画，一面同三数朋友说笑，画一完成，即钉在墙上，看"亮"不"亮"。这是我第一次听到画法上有所谓"亮"这一名词，其实便是西画法的"透视"。

幼衡谈到大风堂镇山之宝董源的《江堤晚景图》，要知大风堂镇山之宝岂止一件，多着呢。如顾闳中《韩熙载夜宴图》、董源《潇湘图》、黄山谷书《张大同手卷》，都是大风堂至宝，这三件至宝于我有幸，曾在我家住过短短时日。早年大千将这三件至宝带来台北，台北鉴藏家一时为之震撼；时大千有日本之行，有一老辈想暂时借去，好好赏玩。而大千表示这三件上面都钤有"东西南北只有相随无别离"的印，有似京戏里杨香武要盗九龙玉杯，对方却"杯不离手，手不离杯"。毕竟短时间去日本，带来带去，海关出入，有些不便。由目寒建议，暂存在我家。我于字画古玩，既无可买，亦无可卖，不引人注意。于是他同目寒亲自送到我家，我当时有说不出的惶恐，只得将这三件至宝供养在壁橱旧衣堆里。传说凡宝物所在处，必有神光射入斗牛，可是在寒舍的宝物，却没有神光射出，也许宝物自知借地躲藏，姑且收敛，不然定有人追踪而至。

大千拥有那些人间至宝，也以此自豪，因有"敌国之富"一印钤在那些名迹上。他愿"相随无别离"，却又有一印"别时容易"，往往两印同钤在一幅书画上。他又说"曾经我眼即我有"，这话好像是自嘲，其实不然。海内外中国名迹，他不特都经眼过，并且都记在心中，例如他对台北故宫博物院名迹之熟悉。既能中心藏之，一旦斥去，更无惋惜，故云"别时容易"。

他初到巴西，发现一平原，颇像故国成都，竟斥去所有，开山凿湖，经营数年，居然建成一座中国园林。一旦巴西政府要此土地，则掉头而去，毫不留恋。虽说"我真不成材啊"，可是古往今来有如此襟怀的人吗？唯其有如此的襟怀，才能有他那样突破传统创造新风格的盛业。

大千在敦煌亲身调查石窟，编号标明，其编号久为国内外学者所引用，要算国内从事此项工作者第一人。另记每窟大小、窟中壁画画风与时代，或所画某一佛经故事。最为详细者，名曰《莫高山石窟记》，久已成书，却长秘行箧中。三十年前我就请他印出，竟未成事实。近年又不止一次与之谈及此事，在他入医院前曾向我说，《石窟记》稿已找出，日内交给我，要我先读一过。当时我建议，《石窟记》中未有的有关问题，如石窟之真正发现人，壁画上的《洛神赋》题材，以及壁画画法与印度有无关系种种，由他口授，幼衡笔记，分题附在书后，好供研究者参考，他也欣然认可。没想到他又入了医院，我想幼衡这一文集出版时，他已经康复了，再继续这一工作。我们祝福他。

一九八三年三月二十一日在龙坡精舍

# 自　序

　　海岛上的季节更迭，岁月如歌的行板流过，直到提笔写序，心头不免微微一惊：一回首，距离我初入大风堂快四十年了。

　　最近应友人之邀，在他所收藏的大千先生于一九六七年在美国斯坦福大学所作的示范之作《高士图》上，写跋文数行。此帧近乎大写意，墨色深浅自如、笔法率性活泼。高士半侧面，清风拂面，松枝偃仰，高士头巾及袖口微微飘扬，真是技巧、内涵、神来之笔缺一不可的上品！我写着："此为大千先生六十八岁之作，笔墨灵动、气韵天然，诚如张彦远言，自然者上品之上，乃大千居士创作巅峰时之天机流泻，拜服无已。距今五十年矣，抚今思昔，执笔三叹。"回想初入大风堂时的稚嫩天真，哪里想得到今日竟敢斗胆在大千居士的画上品题呢？

　　那是一九七六年，大千先生决定从美国加州返回台湾定居，先借住于友人位于仁爱路的云河大厦，继而觅地在外双溪构筑了摩耶精舍，直到他过世前的六七年间，大学外文系毕业的我，承新闻界前辈羊汝德先生之介，成为大千先生的中英文秘书。《形象之外》一书是我在大风堂期间，将大千先生的生活与艺术之种种所见所闻，忠实缀录下来的吉光片羽。

回顾起来，大千先生作为一名艺术家，除了在绘画上登峰造极，在当代罕见其匹，在生活的艺术上，尤其是造园、饮食、服装各方面亦无一不考究，无一不自成一家。他对古典与意境的追求真可与古人媲美而毫无愧色，自宋代以后，鲜有大画家于画艺之外，在生活艺术中也表现出他这样的热情、气魄与广度，由此观之，他不仅是"五百年来一大千"，还可能是"一千年来一大千"呢！

自从大风堂移来台湾，摩耶精舍就成了一个超级的艺文中心。这是片远离台北市中心、有些遗世独立的小筑，花园的后院依傍着水声潺潺的外双溪，院落里置着错落有致的二十四个巨大陶缸，乃是台北历史博物馆当时请林业试验所开发后赠送给大千先生的，里面种满大千先生最钟爱的各色荷花：粉、白、浅红、深红——像天上漂泊已久的云朵，骤然坠落在暗流涌动的池心，予世人以色彩、韵律与想象。由这些荷花充当灵感的谬思，大千先生在这里挥洒了多少闪烁着强烈的生命色彩节奏的墨荷与泼彩荷花，使那朵嫣然飞上诗句中的冷香，化作他笔底凌波而去的不朽篇章。

大千先生在此日复一日积极展开他对中国园林美学的实践——就如他在巴西八德园时期一样。我当时年少，对大千先生花费不亚于作画的时间，殚精竭虑地在庭园中选取、布置大小嶙峋的石头，搜罗、种植四季花木，并为之造景造境，只当是画家为了画面灵感所培养出的兴趣，年事渐长，方知多少文化历史蕴含其中！

先不说大千先生年轻时最仰慕的画家石涛便是扬州的造园专家，从他的题画诗"争春旧例足张皇，准拟花开便举觞，不令放翁专一树，树边只合倚红妆。摩耶精舍梅花将开，将约朋辈踵吾家功父为争春之会，先赋小诗"，就知道他是南宋名士张镃（字功甫）与诗人陆游的信徒！张镃的"南湖园"不但具有豪门巨室一掷千金的气派，更体现文人雅士最精致的艺术品位。最令大千先生向往的便是张镃那追求感官之乐到极致的"争春大会"了，这种繁华如梦的美感恐怕在中国园林史上也是独一无二的。大千先生一直想在摩耶精舍再现张镃的牡丹派对，每次十名美女簪花而出，不同色泽的名花配上不同色泽的服装，而宾客在欣赏盛装美女与名花芬芳之余，还能聆听牡丹词曲之美——耳闻丝竹管弦之乐，兼以品尝美酒佳肴，真是此情此境，只应天上有。但由于台湾部分地区处于亚热带，不盛产牡丹，大千先生遂想把牡丹改成梅花，后来终因美女人数无法凑足而作罢，这是他始终引以为憾之事。

大千先生深知亭园命名之重要，他园林中的重点建设都有典雅诗意的品题。《红楼梦》里大观园完成之时，贾珍请贾政去观看，贾政便说："偌大景致，若干亭榭，无字标题，任是花柳山水，也断不能生色。"张镃的"桂隐"中多达八十余座亭馆桥池楼台，梅树中有"飞雪桥"，看新柳有"揽月桥"，枇杷花中有"摘星轩"，樱桃树中有"餐霞轩"，柳边竹外有"听莺亭"等。大千先生亦不遑多让，将摩耶精舍的众亭子分别命名为"分寒亭""翼然亭"，再加上八德园时期的"见山亭""夕佳亭""聊可亭"等，好像在张镃的诗情外，又多了对田园诗人陶渊明"悠然见南山"的人格的推崇，和对欧阳修"有亭翼然"乐在山水的怀抱的赞赏，以及对苏东坡"此亭聊可喜"般豁达胸襟之追求，境界显然又高了些。

大千先生"不令放翁专一树"也表现出对古人当仁不让的气势。的确，他在爱花的狂热与惜花的温柔上不仅不逊于陆游，只怕犹有过之。从陆游诗句中的"为爱名花抵死狂"和"乞借春阴护海棠"，可见他对海棠的一往情深。至于他对牡丹的爱好与对品种的如数家珍则不仅表现在他写的《天彭牡丹谱》上，陆游还追忆，一次同为南宋诗人、身为成都知府的范成大以高价在天彭购了数百株牡丹，当即派人星夜驰取，花抵成都时，花瓣犹娇艳欲滴。当晚，范成大与陆游宴于西楼，据陆游形容："烛焰与花相映发，影摇酒中，繁丽动人。"牡丹在烛光照耀下美艳动人，复投影于醇酒之上，香醪、烛光、花海交织成一幅绝美的画面。除了西楼的牡丹宴，两人尚在锦亭举行过海棠宴，两大诗人在花宴发而为诗后，由于他们的盛名，全成都"诗未落纸先传唱"。

大千先生对娇媚的海棠与艳冠群芳的牡丹痴迷的程度不减陆游，陆游与范成大仅发而为诗，大千先生则不仅有题画诗歌咏名花，经过他匠心独运的构思，且能将名花雕琢入画面成为经典，使诗与画互相映发。不让陆游与范成大专美于前，大千先生也曾为盛开的海棠在摩耶精舍特设琼筵。一九八〇年二月的某天，他午宴款待张学良、张群、丁农等友人。那日的菜单简直令人垂涎欲滴：干贝鸭掌、红油豚蹄、菜薹腊肉、蚝油肚条、干烧鳇翅、六一丝、葱烧乌参、绍酒笋、干烧明虾、清蒸晚菘、粉蒸牛肉、鱼羹烩面、尒王瓜肉片、煮元宵、豆泥蒸饺、西瓜盅。连饭后甜品共十六道，自是口腹的绝顶享受。但大千居士的食道风格还不止于此：品尝美食之余，必须还有赏花的视觉之美，方才不辜负这"良辰美景奈何天，赏心乐事谁家院"的半日清欢："是日小园垂丝，海棠盛开，宾主欣忭。"当日与名菜同列主角的是海棠花，如果陆游是将名花配美酒，大千先生则是以海棠佐以大风堂最闻名遐迩的菜肴，让宾客在"美食"与"美色"间，享受了双重的美感。

中国传统园林中除了花木外，另一个要角是奇石，而大千先生对石头与造园艺术的狂热，则是其来有自。历史上的"爱石癖"在宋代达于巅峰。先有"艺术皇帝"宋徽宗组成专门船队"花石纲"，舳舻千里将全国奇石运至开封，为他的寿山艮岳增色。继之有天才艺术家米芾，每日对园中石头打揖下拜称其为兄，形成由君而臣、全民一致的"拜石""恋石"运动。此风至南宋未曾稍减，杜绾的《云林石谱》及范成大的《太湖石志》则把士大夫对石头的喜爱提升为一门含有美学态度的鉴赏学。大千居士曾游戏人间般仿制前人作品，此事他或视米芾为狂傲艺术家原型，而在"拜石"一事上，大千先生倒并不像米芾令人侧目的故作姿态，但他爱石成癖绝对是与米芾有志一同的。

他甫回台湾，便不辞劳顿驱车前往屏东恒春拜访石园，得了赤壁石、连峰石、长石，其中赤壁石交付飞机携回台北。在巴西时，他也在小城益都小溪中雇工至河床挖出许多奇石，然后将石头以卡车运回八德园。这些体积不大的石头还就罢了，那些磅礴巨石，如他的门生孙家勤当日从日本大阪上船，一路护送到巴西圣保罗郊区八德园的石碑"笔冢"，还有他在美国西海岸发现的巨石"梅丘"因太重不能空运，遂托好友董浩云帮忙海运来台，在高雄上岸；这些现代版的运石故事，简直与宋徽宗的"花石纲"前后呼应。只是徽宗是一国之君，穷一国之力，而他却是一名艺术家以一己之力。宋徽宗的"花石纲"不过是由中国南方运到北方，即已耗尽国力，而他却是由亚洲而美洲地绕着地球走，全赖个人财力与对梦想之坚持。他的"恋石"精神不但是宋代文化的再现与复活，而他对石头痴迷的程度比宋人更是有过之而无不及。忆及那位以前在摩耶精舍日日前来殷殷为大千先生选石、运石、堆石的张虎先生，以大千先生对他礼遇的程度，不得不让人想起替宋徽宗负责花石纲的石头专家朱勔来。朱勔的学生及后人在南宋形成了一项兴盛的山匠行业，专门负责替人叠石为山，张虎不就是大千先生的朱勔吗？我想张虎在专业精神上应是朱勔的传人吧。

"梅丘"今日仍屹立于大千先生的故园摩耶精舍中，而八德园内的"潮音步""五亭湖"与"槃阿"（《诗经·考槃》，隐士乐居）三巨石终能历尽劫难与沧桑（八德园已没入巴西政府所兴建之水库中），如今安置在台北故宫博物院南院的大千石庭中。比起宋徽宗的艮岳于金人南下后即已灰飞烟灭，大千的爱石却仍被视若拱璧，备受世人呵护，它们见证着艺术亘古如新的魅力与价值，也说明了大千先生虽为一介平民艺术家，但他投入园林艺术的浪漫精神，却创造出几乎超越帝王穷尽一国之力始能成就的园林传奇。

大风堂的饮食也是大千先生生活艺术中最令人神往的一门"技近乎艺，艺近乎道"的学问。犹记还在云河大厦工作时的盛夏一天，大千先生忽然心血来潮，要我、姜姐姐、护士小姐、庄嫂，在第二天中午，各负责一道菜色。记得那时新任厨师徐敏琦尚未上任，所以是由姜姐姐到市场中拣选材料，少不更事的我竟以自己有限的从某某食谱学来的知识，自愿要烧蚝油牛肉一菜。由于自己的下厨经验有限，外加有些眼高手低，其结果可想而知。不过由于经验丰富的姜姐姐在旁协助调理拌牛肉的酱汁，再加上火候掌握得可以，自觉虽味非绝美，却也不算离谱，不过吃在老于此道的大千先生口里，他会怎么反应倒是令我忐忑不安。没想到饭后他担任讲评，把大家的成品都夸赞了一番，对于我的牛肉，只轻描淡写地提了一下"芡粉放多了点"，让我松了口气。

从此以后，再无我可以"磨炼"的机会。只是我的眼界一日日扩大，在美食家大千先生的带领下，见识到当时的一流厨艺。印象最深刻的莫过于在天福楼吃到老师傅精心烹制出的香嫩鲜美之熏黄鱼及熏蛋，是为一绝。另外荣星川菜主厨吴少臣与大千先生商定菜单及做法后整治出的一桌酒席，包括开胃冷盘及后面的正式菜色，精彩至极，刀工、火候、菜色配搭的精致度，皆是一时之盛。这是让我这少年食客最为惊艳的美食体验，也体会到大千先生所说，高层次的川菜是不辣的。

当然，把饮食提升到不仅是满足口腹之欲境界的仍属大风堂内的宴饮。那些回荡在味蕾上的感动往往是触动回忆的一扇门，重启了许多珍贵美好的画面……每次宴客前，大千先生必兴致高昂地亲自书写食单与宴客名单，使得饮馔与书法之美结合在这些叫人爱不忍释的菜单上。菜单上固然有海参、鲍鱼、鱼翅这些名贵的食材，但也有"相邀"这样比较庶民化的美食，它有点像荤的罗汉斋，是一结合面筋、油豆腐、鱼肚、蹄筋、香菇、鸡翅、火腿、合掌瓜等而成的大杂烩。还有家常菜如炒四丝（豆干、笋肉、葱节、辣椒丝），臊子面（肉末炒过加口蘑或冬菇，将起锅时，加冬笋末、咸菜末）等，但入了大风堂大盆海碗的器皿，到了宴客时，就成了大手笔和丰盛诱人的筵席菜，总能叫亲朋好友们吃得心满意足，宾主尽欢。听到宾客们发自内心的赞赏，大千先生的欣慰可知。他总能使得饮食一道，既是日常生活，也是艺术——既有寻常百姓热闹活泼的生命力，也有化日常菜肴为精食美馔的巧手与妙谛！

　　"相邀"因为系一大杂烩，虽然吃得过瘾，但卖相略为暗沉混沌；另一种菜色则清鲜淡雅，视觉上就更引人入胜。大风堂的狮子头与另一道清汤足以当之，与南宋林洪在《山家清供》里的一则"雪霞羹"有异曲同工之妙。林洪的做法是："采芙蓉花，去心、蒂，汤焯之，同豆腐煮。红白交错，恍如雪霁之霞。"用花瓣入汤，以豆腐为雪，以芙蓉为霞，既是比拟也是隐喻。大风堂的成都狮子头完全不油腻，口感细腻，一粒漂浮在鲜美清汤中的狮子头与净绿如玉的一茎青江菜，一红一绿，也是味觉之外，兼具视觉之美——味觉尚未启动，感官已先醉，简直是入画境了。另一道"鲜"汤则是鱼片炖羊肉（鱼加羊得一"鲜"字），上面漂浮着碧绿的香菜及葱花，形成白红绿交织的画面（切不可加姜）。何恭上先生一次言及，大千先生曾以此汤招待他，鲜美的滋味令他至今难以忘怀。在平淡的鱼片与羊肉之上，一抹绿葱与香菜扮演着提醒的角色，使得这道"鲜"汤更富淡雅清香之意，是画龙点睛之笔。

大千先生的造园精神，虽被朋友以"大禹治水"与"愚公移山"戏称之，但殊不知此即大千居士之画稿也。正如他的知己台（静农）老师所说："居士治园如作画，不肯轻下一笔，园之雄浑绚丽处，或奇峭清逸处，莫不如其画然。"他对饮馔的热爱与讲究，把宴饮一事从菜单、宴客名单书写，餐饮内容的设计，装盛器皿的配搭，当成仪典般华美的过程，岂不是他艺术心灵的折射？如今从他书写的食单、宴客名单莫不洛阳纸贵可知，他所创造的饮馔艺术，也已成为一项可以大书特书的传奇与典范。至于他的服装，在二十世纪的现代社会，他仍以一袭中国古人的服装行走天下，不仅在中国如此，在西方数十年亦不改其志，相较于大多数人的衣着，可说是"奇装异服"了。他以中国古代衣冠（古袍、杖履、东坡帽）形塑个人风格，及作为自己毕生文化认同之宣告，堪称前卫！晚年的他所到之处必造成风潮，人们往往以"文化英雄"或"明星"视之，几乎让我想起今天的嘎嘎小姐（Lady Gaga）。

回到大千先生最风靡世人的绘画艺术，我一直深爱大千先生的荷花，可是此生却以未能拥有一张他的荷花为憾。"荷叶生时春恨生，荷叶枯时秋恨成。"我曾目睹摩耶精舍的荷花经历四季变化：夏天里众荷摇曳，激情盛开，秋冬凋零后荷叶渐残，犹自在雨中沉吟，如咏叹调一般凄美哀愁。摩耶精舍的荷花如今不再，我在脑海中的花园里，却看到一幅又一幅不朽的荷花。

大千居士笔底的荷花变幻多端，有夏荷与秋荷、雨荷与风荷、夜荷与月荷，还有新荷、醉荷与荷塘之荷。夏荷饱满盛放，暗香盈袖；秋荷亭亭净植，宛在水中央。风荷花欹侧叶离披；雨荷风姿凌乱意态潇潇。月荷于一片氤氲朦胧中，浮出荷花独立缥缈之隐约身影；荷塘之荷却是众荷喧哗，线条墨韵交织出此起彼落的一曲华丽雄伟的交响乐。

尽管大自然的季节会褪色，瑰丽的粉荷舞衣尽落，芬芳逐渐在掌中故去。然而大千先生美丽缤纷的想象，却能将无常的造化经营成令人叹为观止的艺术——他画秋水干涸后，荷叶出地寻丈，丈二荷花修长的荷茎曲折挺立，舞姿昂然，韵律动人。台风肆虐过后的荷花，枯荷败叶横七竖八，荷茎歪倒倾颓，经他笔下神秘的酝酿，荷花在心灵的渊谷绽开，荷茎斜成"纤腰如束径须扶"的意态，依旧一片朱荷出碧波，围以绿萍浮水，充满慑人的气势。他心中自有不凋的花季，荷缸中无力倒垂蜷缩的荷叶，经过他的塑造，却神奇地展现出抗拒衰亡的强悍的生命力，他巨笔如椽，哗哗扫下惊心动魄的墨叶之际，便将刹那间的气势化为永恒的惊叹！

时间停止了漂泊，摩耶精舍的荷花也已远扬。记忆中的墨荷、白荷、粉荷、朱荷，恍兮惚兮，荷之意象重叠、流动——没骨、双钩、大写意、泼墨、工笔重彩、金线勾勒、青绿大泼彩，一一入藏我心灵的美术馆，即便不曾拥有他的荷花亦不复为憾。愿本书在谈大千居士的绘画与生活艺术时，能带领读者一同走入"大千世界"——一如年少时的我曾领略过的一场繁华的艺术飨宴。

张大千，《庭园布置》，约 1958 年创作，纸本水墨，34.9cm×138.8cm。
香港苏富比中国字画部编，《中国近现代书画拍卖图录·张大千专辑》（香港：香港
苏富比拍卖公司出版，1997 年 11 月 2 日），拍品编号：171，页 26

张大千，《台风过后的荷花》，1979 年创作，纸本水墨泼彩，70cm×136cm。
傅申，《张大千的世界》（台北：羲之堂文化出版事业有限公司，1998 年），
页 348—349

# 从一扇小窗看大千世界

一个偶然的机缘，我有幸随侍张大千先生，为他处理一些私人的中英文信件。一年多来，在大风堂的浸润下，我发现书画是一门广袤浩瀚的学问，也是个令人着迷的世界。

## 一　雅　根

大千先生的老师清道人说：钱是"雅根"。他也作如是观。他常说，他的许多朋友明明是千万甚至亿万富翁，却有钱不肯花，因为他们是"怕自己不死"，唯恐自己活得长时，余年堪虞，所以宁可冒把巨款携入棺材里的危险，也不肯让自己过一天舒服日子。他的哲学则是随时当自己"明天就要死"，能今天享受的又何必等到明天？因此他用钱时的豪情，也是一般人所不能想象和企及的。那些朋友虽是富人，却过着穷日子，比较起来，我倒觉得他才是"真正的富人"。他认定金钱是为他买快乐的，因此他从不顾虑"家无余粮"的问题，让金钱为他所役，而从不役于金钱。

往年在北平，曾有人替他算命，说他过的是"天天过年"的日子；别人用钱是左手进右手出，他则左手还未进右手已出了。我在了解他用钱的方式与他家的每月用度之后，才知此话之真。

他所喜爱的盆景、花木、石头，全是由美国运来（其中还有许多是当年由香港运至巴西，巴西再运至美国的）。单只石头一项，每次运来数箱便是台币数十万元，这项费用令人闻之咋舌，不解他何以会花这么多钱在这种破烂东西上。但他认为这是他心之所爱，也是他作画时灵感的源泉，因而代价再高，也在所不惜。

巴西八德园的画室

张大千，《五亭湖图》，1967 年

　　二十余年前，他因看中了巴西的摩诘山城像成都平原的风景，而买进了八德园。后来苦于当地有山无水，便一口气斥资一百七十五万美元开辟了一个人工湖，建立中国式的亭台于其上，命名为"五亭湖"。他怀着避秦的心情，在异国的土地上，建立了一个故国的世外桃源。但一俟巴西政府当局决定在八德园附近建立水坝后，他又毅然率领家人赴美，放弃了多年经营的心血（八德园至今未脱手）而未顾惜过。他这份"开辟疆土"的魄力与放弃时的断然决然同样惊人。

　　决定回归故国，养老台湾后，虽然外双溪的一隅不及八德园面积千分之一，不够他施展建设中国式庭园的理想，但摩耶精舍完工以来，最令他得意的事莫过于在双溪溪流之畔、小园一角有了两座纯中国式的亭子。摩耶精舍肇建伊始，他就念兹

位于台北外双溪的摩耶精舍

在兹，直道："等亭子建成之时，风来的时候，抱着本诗词坐在树下，在亭子里吟哦吟哦，睡个午觉，听听水声，多好！"这一直都是他的梦想，这可不也是孔老夫子在听了曾皙的"浴乎沂，风乎舞雩，咏而归"后，慨然道"吾与点也"的那种生命情调吗？这些梦想都赖"雅根"替他完成。

他的一位姓李的子侄辈曾对我说：张先生若不这样"乱"花钱的话，这三十年来一亿美金的财产早已积下了。许多关心他的亲友也常替他担心，怕他这样不懂算计，有钱不知积聚，以防不足之时；将来将有难以为继之虞。但我以为他如果用钱谨慎、处处算计的话，张大千就失其所以为张大千了。他用钱的气度正和他作画时大开大阖的创造力一样，"非恒流所能梦见"，也不是规矩方圆所能限制的。我一直深信他花钱的哲学和他艺术上的创造力有着极大的关系。

"千金散尽还复来！"李白说这句话的时候，可不是怀着同等的自许和气魄吗？

## 二　作　画

有一个人最喜为人画扇子。一天，见朋友手摇一把新扇，立刻夺过来要替他画，那朋友立即向他双膝跪下，他搀扶不迭道："画把扇子并不难，何必行此大礼？"朋友道："我不是求你画，我是求你别画。"

大千先生平日最爱说笑话，而且源源不绝。上面便是他自嘲"画画"这个行业的。其实天晓得，哪个人得到了他的画不捧若至宝啊！

看他作画是一大享受。有人作画会"羞笔"，有人在面前就画不出来。他则是在他面前摆龙门阵的人愈多他作画的兴致愈高，神来之笔愈多；但也要视对象而定，遇见他不喜欢的人在面前絮叨，他马上就画不下去了。

我喜欢看他画荷花。他虽年纪大了，常叹自己手抖不听使唤，但那一笔荷花杆勾下来仍一气呵成，力道十足，令人看得目不转睛，过瘾万分。泼墨的叶子气魄大，表现了刚健之美；荷花的线条则又婀娜有致，表现无比的柔美和娇嫩，尤其花瓣的浅红色晕，经他彩笔点染，更有那流动的美，叫人爱极了。在他的荷花里，确实让你见到了"一花一世界，一叶一如来"。

张大千，《墨荷通景六屏》，1961 年

　　如大家所知，他的荷花最为欧美人士所爱，20 世纪 60 年代初，他的《墨荷通景六屏》曾以十七万美金的高价卖给《读者文摘》的创办人华莱士的夫人，因此有人向他请教：荷花要如何画才能博得美国人喜爱？他不禁付之一笑。在他看来，为投合他人胃口而画画，精神上便已流入次等；所以他常赞素人画家洪通是天才，洪通的画有天趣等，因为洪通只是画他自己想画的，用他的直觉去画，就这一点而言，他认为洪通比那些纷纷到国外去看看外国市场，依别人的喜好而作画的画家们强得太多了。

　　他画山水需要较长的时间，因为近年来他喜欢慢慢地、一层层地渲染，由浅而深，使画面更醇厚、更深远。山水画难在造境，偏偏他每幅画都有不同的布局和意境，从不曾雷同，使你

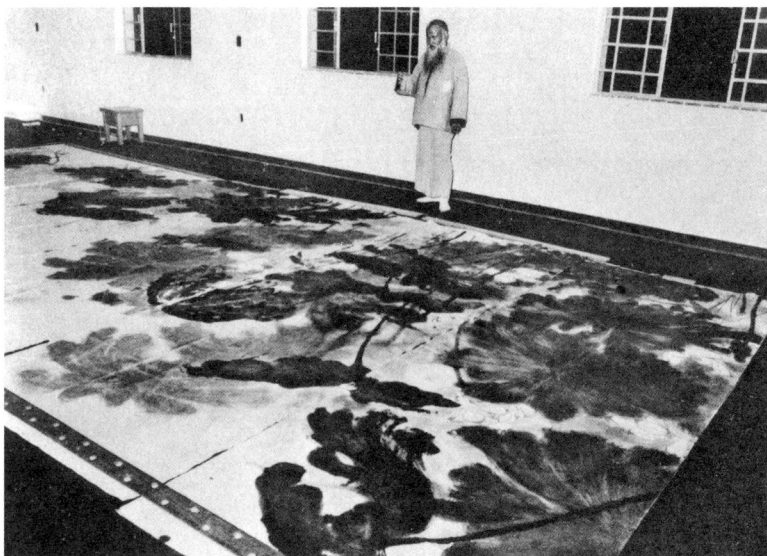

张大千创作《墨荷通景六屏》，摄于八德园画室

不得不佩服他无穷的创造力。

　　记得有一回他致赠林君一幅《归渔图》。那幅画是他夜半爬起来画的，谁也没瞧见，画好他便径自拿与裱画店裱好了，在送出去以前，才把那张画张开给众人看。我不知那时别人的感觉怎样，至少我自己是看呆了。那是一幅立轴，远远的有点远山，近的是片沙洲，长着些水草，整个画面笼罩在一片极美夕阳返照时的晕黄气氛下，一个穿蓑衣、戴斗笠的背影肩上担着一根竹子，上面挂着个已经倒翻转了的酒葫芦，渐行渐远，那种说不出的闲适、惬意和孤绝都已尽在不言中。那份美和空灵是如此感人，它给我的震撼太深刻了，直觉得目眩神摇，久久不能自已。还记得那首题画诗似乎是"闲钓溪鱼鱼满串，旋沽

村酒酒盈尊。归来记得挂船处，秋水斜阳树一根"。

　　他画泼墨画就更费事了。非十天半个月不能完成一幅，往往先要画画师傅把纸裱在板子上，作画时由他拿着一盘墨洒于其上，再令他的门生或晚辈一人手持木板的一头随意摇动（这个方法很现代），摇到使他满意的地步为止。旁观的人一定认为用这个法子画画太简单了，其实不然。等墨色固定以后，他再命学生将画摆在远处，这时他从各个角度观看一下，便胸有成竹了；于是这一堆混沌的墨再经他的画笔细细经营就变成了远山、近水、悬崖峭壁、孤帆、山寺种种奇绝的山水，因为泼墨的情形没有哪两次是完全相同的，因此他构思的景致也无一幅相同。

　　难在有一回因求画的人要求的尺寸较小，他命人把原来泼

1977 年，郎静山拍摄张大千《泼墨云山》作画过程

上墨的纸张削掉上面一半，剩下一团"不见天"（原来上面要留点白的）的黑墨；别人都劝他别用这张了，太难画了，全是黑墨，无从表现啊。他摇摇头，表示他自有办法。果然，他照样把它变成一幅更奇绝的景致。他的创造力真令人叹为观止，叫人想到在艺术的领域里，他是一名造物主，将混沌的墨色化为各种壮观的景色，为世人再创了一个宇宙。凡是要求绘青绿泼墨山水的，他一定诩以"内行"，因为石青、石绿这两种颜料最贵。他常叹，画青绿泼墨山水划不来，该学学齐白石的公然议价，凡需重用洋红者，加多少多少钱。

这些日子来，我所看到的他的画，大的山水气魄惊人，元气淋漓，一些"濠濮间想""闲看游鱼戏落花"的作品，又充分表现了悠然自得的意境。许多小品更令人爱不忍释，总有一股灵气流注其间。但我更爱的是他的"大千狂涂"，笔触是现代的，意境却是最中国的，寥寥几笔，包含了多少洒脱和不羁，那真是天才之笔。李太白的洒落飘逸，杜子美的雄奇沉郁，尽在其中！

三　读画的学问

初在大千先生旁边看画，听到说管夫人的哪些竹子是赵孟頫代画的，以替夫人宣传，哪些是她自己画的，所以略带"生"意；又听到说赵孟頫的章子"赵子昂印"上端有一凹痕，四十余岁后日益明显，看赵松雪画的真伪可由此处见，此时我对书画这门学问还感到十分陌生和遥不可及。这些日子来，我才了解到何以许多人玩书画竟致入了迷。

张大千，《幽谷图》，1967 年

张大千，《大千狂涂》，1961 年

　　张家的座上客，有位香港来的徐先生，为人爽朗风趣。由于家世的关系，他对目录学、书画学的研究专精异常。他曾对我说："你何其幸运，能遇见张先生，得亲承謦欬。"因为他认为在鉴赏中国画的学问上，张大千是宇内第一人，世上无出其右者。徐先生在这方面自负甚高，他常自认为在看中国画的行业里，他是数一数二的高手，但是遇见了大千先生，他也只好屈居"一人之下"了，因为他虽是行家，有时也有眼力不及之处，张先生却能为他释疑解惑。对大千先生，他不仅为之心折，抑且近乎崇拜。

　　张先生对我说，他看"元四大家"王叔明、吴镇、倪云林、黄子久是一眼便能分辨出是谁的作品；明代沈周、文征明、董其昌的作品真伪看得出，年代倒不见得有把握。石涛、八大则不消说，他只要一看"八大山人"签名的这四个字，所说出的年代不会有三年的出入。他的眼光准到这样的地步，因此论起石涛、八大，大千先生是全世界公认的专家。

　　他说，真画假画不只看笔触，重要的是气韵，真画有一股真气，像要对你说话（当然，这是要对书画鉴赏到达某种程度以后才能听见这种语言的）。比如说，宋人的画我们于今看来比明人、清人看得更清楚，因为旁证更多。先说纸，由宋代挂到现在定然看得出痕迹；墨则宋人的墨是最好的，墨色因年代久远必然会变，这也观察得出；其次看题款和收藏章，元明清各代收藏章各有特色，印的颜色不是假得了的。所以齐白石的画现在难以从这些角度辨别真假，只能看它的气韵和神气，因为他用的纸和印章到现在都还有。

所以"鉴赏"这门学问是很难的。和中国历史上许多画家进入老年期时一样，张先生在画成题款时，因年纪大了，注意力和眼力不免都差些，经常会在写诗句时掉了字或写错了字，往往写完他自己才察觉，或经旁人看出以后，再加以补足或改正，但有时也有未经看出便送出门了的。

有的书画家偶犯的错误，谁晓得在千百年后会造成多大的误解和争执？如某幅落款年代错误的作品若不改动，说不定真有后人会以真为假（因为年代匹配不起来），而大作其文章呢！所以大千先生常说自己的作品："不脱字、不错字的才是假的！"从此事观之，多少连篇累牍的古画真伪考有许多不都是庸人自扰的白忙一场。

# 上国衣冠

  大风堂的一位弟子、在台北某美国银行任职的龚先生曾对我说："有一回，大千先生在美国某乡村俱乐部请客，一行人有六辆大车子开进去，气派很大。大千先生戴东坡帽，穿绸服，才一下车，一群美国人围观起来，问我：'这人是不是东方哪一国的皇帝？'我答以：'他是东方艺术界的皇帝。'"事实上，美国的嬉皮士确曾封他为皇帝过。他住加州时，那一阵子嬉皮士们都学寒山、拾得蓄长发，蔚然成风。他们曾三次送玫瑰花致意，要尊大千先生为王，但为他所拒。

  张先生对于民国以来，中国人始终没有一袭足以代表我们自己的衣冠，一直引以为憾。他常说：中国没有代表"上国衣冠"的服装，连大使呈到任国书时，都穿洋服，那么谁晓得你是中国人、韩国人抑或是日本人？女人们的服装也全都西化了，现在所谓的服装设计，也没有从中国古典的趣味和美的角度去着眼。

  他说：古典美人入画，而现代女性不入画，便是因为古典美人的服装有恒久性；而现代的女人，如果新穿件流行的大衣、新烫了个发型后去拍照，照相的当时觉得很得意，但往往来年再看这相片便不喜欢了，而古典美人则反之，便是由于这个道理。

1961 年，张大千戴东坡帽着长衫与夫人摄于日本宫岛

1956 年，张大千一袭唐衫与毕加索摄于法国尼斯

所以他常叹，袁世凯虽然妄想登基，做皇帝不成，但他文武百官的衣服却全设计好了，这是袁某人唯一可取之处。而民国以降，我们却还未曾定有任何可以代表中华民族传统习性、艺术美的服装呐。

张先生除了早年在中土时便永远一袭中装外，后离开中国，从印度至香港，再至阿根廷、巴西、美国（时而停留日本），不论身处何地，在何种场合，他始终以着中装为荣；始终固执地以一袭中国布袍和一双布履的本色出现，再加上他的美髯飘飘，因此从前在巴西，有一次他走在街上，竟发生一女人向他跪下，亲吻他的手指，误以为他是希腊大主教之趣事。

由上述种种，我们可以看出，大千先生不但是艺坛上的大画师，也是生活中的"艺术家"。而且他在这方面的艺术和趣味，迄今都是最"中国"的。人说溥心畲的画已是中国文人画的绝响，那么从任何角度看来，诗、书、画三绝的大千先生，挟其绝顶的聪明和推陈出新的创造力，益之以数十年的功力，其在中国画史上的地位固已复绝千古，说他是现今中华民族的瑰宝，不亦可乎？

# 食不厌精

有人说，进入大风堂可享"三福"——眼福、耳福、口福。眼福自然是指大风堂的书画，不论创作或收藏，皆"雄视宇内"，足以让人饱览饫游、顿开视野。耳福应是说大千先生的博学多闻和轻松幽默，加上这儿往来无白丁，所谈的艺文绘事令人悠然神往，增益见闻。口福则不消说，因为大千先生是有名的美食主义者，因此这也成了大风堂最大的特色。

张先生常说生平最得意事莫过于当年他手下的两个厨子，现在成了享誉全世界的名厨：一为东京的陈建民，一为纽约的娄海云。

对陈建民，大千先生曾将其誉为海外中国菜的"天下第一厨"。陈建民在东京开设"四川饭店"，生意鼎盛，分店遍布全日本，他在生意之余，教授"中国料理"多年，现在直接和间接教的日本徒子徒孙也有万人了。陈建民在海外发扬"国粹"，令张先生十分欣慰，他稍觉遗憾的是陈娶了日本妻子，在日本安家落户，大概一份庞大的产业将来也是日本人的了。

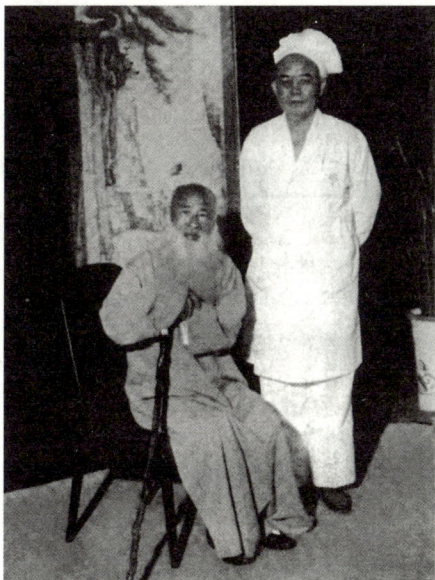

张大千与陈建民合照，
约 1961 年在东京四川
饭店

　　娄海云脾气不小，许多人目他为"怪人"。他曾经是纽约京华楼的主厨，船主董浩云、美国前总统夫人杰奎琳、"希腊船王"奥纳西斯都是他的座上客。娄海云喜欢掉书袋，因为他长大于一位清朝翰林办的孤儿院，所以他出口成章，读书之多，远非一般厨师可比。但他只要听到有人背后喊他"娄厨子"便不高兴，他会说："啥子意思？未必厨子就矮人一截？脱光了还不是一样！"

　　娄海云极有正义感，出手大方，讲义气。有一年台湾发生严重风灾，损失惨重，他闻此消息后立即请大千先生为他垫上台币二十万元捐款，由报社代收，随后便汇上五千一百美元，算得清清楚楚，一个子儿不差。他不愿具名，他跟大千先生说，就写"纽约一难民"捐的好了；后来报上登的是"京华楼菜馆全体同人"捐赠，但实际上全是他一人掏的腰包。

大千先生认为中国菜大致可分为三个菜系：长江流域的扬州菜和四川菜；黄河流域由济南至郑州的北方菜；珠江流域的广东菜。其中川、扬是合流的，因为清代四川、扬州富有的盐商特别多，在他们食不厌精、脍不厌细的研究发展之下，中国的饮食艺术，发展到了极致。因此川、扬二者，大体可归于一个系统。

大风堂的菜全是正宗川菜，但和一般人所习见的馆子里的四川菜不太相同。大千先生说：四川的酒席菜是不能带辣的，像麻婆豆腐之类通常是引车卖浆之流或苦力吃的菜（并非风味不好，只是上不了席）。大风堂菜的另一特色是绝不放味精或猪油。

下面是大风堂宴客的菜单之一：

麻辣腰片、葱油鸡块、红烧肚片、炝白菜、素烩七珍、鱼

大风堂宴席中，大千先生表演拂尘助兴

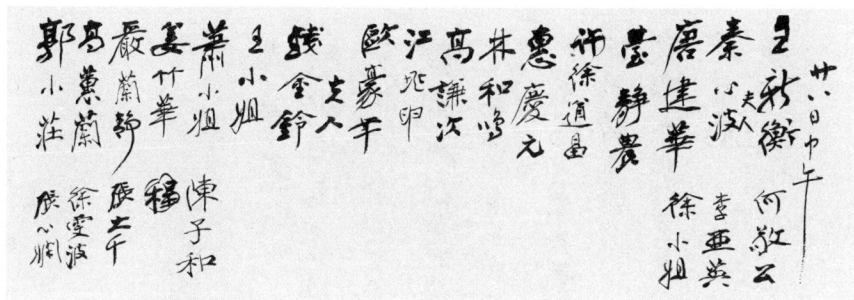

大风堂 1980 年左右宴客名单

翅、煨菜心、葱烧鸭、大乌参、水铺牛肉、素烩红白菜菔、烩草菇、笋片、丝瓜片、青豆、粉蒸肉（南瓜底）、烧帽结、炒六一丝、炒红椒、鱼糕、松茸、豆泥蒸饺、小汤丸。

其中值得一提的是"六一丝"，这道菜是陈建民为庆祝大千先生六十一岁生日而发明的。那时张先生正东游日本，陈建民特选了绿豆芽（去头尾）、鱿鱼丝、黄瓜丝、辣椒丝、韭黄丝和奈良渍（日本上好的酱瓜）六种丝合炒，吃一脆劲，称为"六一丝"。

另外这张菜单所无，但也列为大风堂名菜之一的是"狮子头"。狮子头原来以扬州的最有名，但其缺点为太油；大风堂的狮子头则经过走油以后全不油腻，入口即化，别具一格，和各处狮子头的风味都不同。至于大风堂的名菜鲍鱼、海参、鱼翅的"发法"，据大千先生说，是传媳不传女的；张家出嫁了的女儿在外请客也得拿鲍鱼和乌参回家商请妈妈发，方法是不传她的。

鱼翅一项更是所费不菲。有回请了个外行客，他问大千先

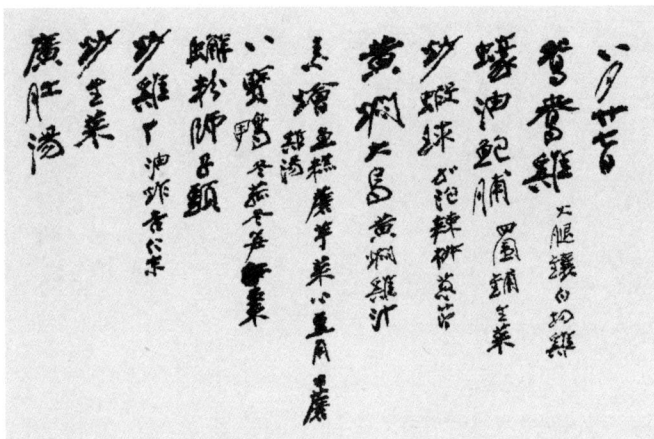

大风堂 1962 年宴客菜单

生："现在鱼翅涨价了，这一道菜总要两千块以上吧？"大千先生笑而不语，一般馆子里的鱼翅总加香菇丝、火腿丝，或垫白菜，甚至夹以肥肉丝；但大风堂煨的是纯鱼翅，一点别的都不加，分量十足，而且是上好的排翅，不是散翅，一盘之值总要万元以上，那位先生真是太不识货了。

"鱼与熊掌不可得兼也。"面临两者只能得其一的选择，其滋味之美可以想见。而在大风堂，两者得兼的情形却变得并不困难。我破天荒第一回尝试的熊掌据说是在缅甸捕获的。这只熊掌寄放在别处有半年之久，因此大家品味的结果，是调味虽佳，但熊掌本身有点"哈"（走味）了，未免美中不足。

第二回尝的是北海道来的熊掌，味道较新鲜，众人都啧啧称赏。我则吃不出所以然来，可能因为我对于食物天生是属于"画地自限"式的人物，想到熊便畏惧三分，再看到那煨得黑漆

漆的熊掌，更谈不上爱好了；我之所以敢于一试，不过是为了
尝尝人们想象中的美味罢了。

　　大风堂客人分布世界各地，因此全世界的好东西在大风堂
都可以尝到，丹麦的饼干，阿拉伯国家的石榴，美国的樱桃、
无花果、桃李，日本的蜜瓜，东南亚的榴梿，韩国的梨，菲律
宾的冰淇淋，真是四季不断。有一回正值严冬，大家还吃到了
丹麦运来的桃子，真是咄咄怪事；香港有名的鹅肠、月饼、粽
子也不虞缺乏。总之，世界各地第一流"吃"的艺术在此集中
了；在此吃惯的人，口味也就渐渐吃"高"了，吃"刁"了。
以我为例，现在在外面吃什么馆子都不满意，别人请我吃什么
都不大能引起我的兴趣，大概就是这个原因吧。

　　大千先生吃的范围很广，他对"吃"没有偏见，口味并不
局限于川菜。他对品尝任何食物都有极大的兴趣，他也喜欢吃
上海菜，台北天福楼、叙香园的菜他都很欣赏。五福楼杨师傅
则以一道炒"脱非"（音译，即鱼肠之类的东西）赢得他的喜
爱。北方菜他也爱吃，除了不吃饺子外，连馒头、窝窝头他都
能吃出风味来。

　　此外，他早年曾游学日本，因此对日本料理深有研究，生
鱼片以哪种鱼为上品他讲得头头是道。一般人吃"鲔"便算是
上好的"萨西米"（即生鱼片）；但是更好的是一种叫"鲷"（日
文音"太"）的鱼，这种鱼产于中国的烟台，游到大连产卵，孵
化后小鱼群便游至神户。因为鱼的习性是往上游走，所以能由
神户冲上来岛的鲷鱼才是活力大、弹性好、味道最鲜美的鱼。
这鱼何以识之呢？像黄河的鲤鱼跃过龙门一样，冲到来岛的鲷

鱼鱼身会扁下一块，这种"鲷"便是"萨西米"的上品。至于"鲽"鱼，类似比目鱼，就是更上一层楼的"萨西米"了。他认为日本菜味道平淡，吃的时候享受的是它的"服务、气氛和器皿"。

来台定居以后，在偶然的机会里，他曾被朋友请去吃了一次纯台湾式的海鲜，他对那家店做的新鲜炒干贝、水烫虾赞不绝口，甚至连经理赠送的一盘炒米粉（他第一次吃到）也吃得津津有味，大称美味。

兴致来的时候，他也会亲自下厨，大千鸡便是经由他发明，现在在国外的中国菜馆很受欢迎的一道菜。有一回，大概是因为谈及他往日在西北的经历（他曾游戈壁），想起当地食物之美，他便做了一道"新疆饭"，那是中间掺以杏干、葡萄干、鸡肉丁、胡萝卜丁、酱瓜丁的蒸饭，别具风味。

"氽鱿鱼丝"是他的新献，做法简单、味道鲜美，只要将鱿鱼切成薄薄的丝（多在水中泡泡，去气味），然后在滚水中一氽，氽好铺于碟中，再把切好的葱丝撒上面，然后以勺或锅将适量的酱油及油（炒菜油）烧滚，一淋便成。他虽很少亲自调理鼎鼐，但只要一经他调理，甚至指导出来的菜，味道没有不好的。

# 王雪艇怀宝访知音

这样宁静的下午是罕有的。摩耶精舍在主人午睡醒来后，原是客人正多、笑语喧哗的时分，这天不知怎的，却格外静谧。

院外新建好的鱼池里，淙淙的水流从砌得高低错落的大石间哗哗流入塘中，碧绿的池水里，几只颜色鲜明的鱼儿互相追逐着。

面对天井的大画室，入口是一长排落地窗，从落地窗望去，位于画室正中的墙上，是一张长达八尺的大中堂——唐伯虎的《绿珠图》。微风吹过，画轴微微在墙上颤动，发出轻轻的声响，任何人乍入画室，很少有不被她（绿珠）吸引住的。画右上角的题款是"晋昌唐寅为萝斋居士画"。图画中的女子手持珊瑚，她有个额头宽广的侧面，体态丰盈，在层层叠叠的衣裙中，看得出环佩玎珰；她的背后是一片梅花的枝丫，前方有数朵灵芝。她就是令石崇死于非命的绿珠吗？就是"落花犹似坠楼人"的绿珠吗？还是唐寅心里的另一个"绿珠"？（其实这幅画的衣纹线条介于明代吴伟的粗放与唐寅的细腻之间，题款倒是唐寅的笔意——而大千先生早年十分精于模仿吴伟与唐寅的风格。）

传唐寅，《绿珠图》，纸本水墨设色，138cm×97cm，私人收藏

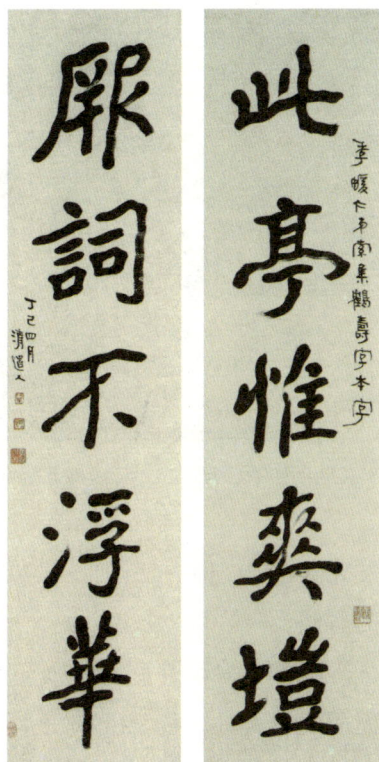

李瑞清，《集瘗鹤铭
五言联》，1917 年

　　除了《绿珠图》，墙上罗列着满满的书画。这儿像个小故宫，故宫的画是三个月换一次，这儿展示书画的更换期则为不定期。陈列的对联里有两副主人老师所写的对子，是最富纪念价值的。一副是清道人笔力万钧的"此亭惟爽垲；厥词不浮华"。一副是曾农髯汉隶功力十足的"闲寻书册应多味；喜入灯花欲斗妍"。

　　所有对联里，最引人注意的，该是于右老写赠大千先生的"取法溯隋唐以上尊则善赏强而能用；衡鉴为中外所宗富可敌国

二美髯公于右任与张大千合影于台北松山机场，1959 年

贫无立锥"。这后面一则，已成为大家耳熟能详的大千先生一生
的写照。

　　画室中三幅并列的小画，一是董玄宰的没骨山水，一是倪
元璐的竹石，一是王蒙的山水。董其昌的没骨山水已是难得一
见，倪元璐的画更是罕见，这位明代忠臣，我们只知他以"书"
名，他那迥绝流俗的书法和他的人格一样卓荦不群，却极少见
着他的画。

　　正说着没客，满头华发、着一袭灰布长袍的王雪艇（世杰）
先生却抱着一包书画兴冲冲地赶来了。台湾玩书画的人并不多，
懂书画的行家更少。从前，一名收藏家拥有两三幅董其昌的作
品不算一回事，但是现在只要有一张小小的董玄宰的作品便算
了不得的了。鉴赏书画这项风雅的嗜好似乎是属于有钱有闲的
农业社会的情调，在这一切讲究快速、实际的时代里，它已成

为一门寂寞的行业。

正因为知音者稀、解人太少，王雪公总喜欢把自己的收藏拿给大千先生过目一下、评定一下，让彼此沉浸在那细细论画的情趣里。

这回他带来了王叔明的《秋壑鸣泉图》《竹笆松茂图》，赵子昂的《松雪老人十七帖》及苏东坡、黄庭坚、米芾三人的手卷。

"请您看看我这几样东西怎么样？"雪艇先生谦冲异常，大有请教的意思。

张大千与王雪艇（世杰）
1981 年合摄于摩耶精舍

大千先生连称不敢当，并令学生辈马上将画台上的杂物移开或撤下，这是大风堂看画的规矩，看画时画台上绝不能摆茶杯，不能有烟，以示对"画"的尊重。

大千先生首先展开了《秋壑鸣泉图》，这是王蒙山水中的佳作。虽然大千先生在取画、解画的繁复过程中，手显得有点颤颤巍巍的，但他坚持不假手外人，必须由他自己慢慢地解开包画的缎子，这也是看画的规矩之一。

"此黄鹤山樵真迹也……盖元四大家皆师北苑而自成一家，故流异而源同，世有识者不谬吾言，查士标题"，大千先生的注意力首先被清人查士标的这一段题款吸引住了。

雪公见大千先生看得专心，他自己也开心极了，笑道："您慢慢看，我还没有参观过您新整理的后园呢！我去看看。"说着径自走了出去。

雪艇先生年纪比大千先生还大，但身体却十分硬朗，走路也不需人扶持，不过大千先生仍不放心，唤护士小姐跟了去，伴雪公在园中走走。

"王叔明的画了不起的地方就是能在小中见大，"大千先生抬起头来对立于一旁观画的人说，"画虽小，气势却大。"

众人点头称是，顺着大千先生的目光看下去，大千先生终于在密密麻麻的题款中找到了一段足以印证他论点的题字。

那是溧阳狄平子写的："……此纸阔仅尺，长仅二尺，乃千峦万壑容纳于中，有千里万里之势，是非有纳须弥于芥子之神通者，安能有此奇笔。"

接下看了苏东坡、黄庭坚、米芾三人的手卷。

"宋代四大家苏、黄、米、蔡，您却有了苏、黄、米三家，了不得，了不得啊！"大千先生对游罢后院的雪公呵呵笑道。

看苏东坡手卷时，大千先生连连叫好，一方面因为东坡这么好的真迹不多，另一方面也和他自己一辈子心仪东坡有关吧。

看黄庭坚、米芾的手卷时，大千先生就不再赞好了，他在卷子上注视良久后，意在言外地说："可惜这两卷裱工太差。"雪公依旧不温不火地道："那时逃难，时局多艰难哪，去哪里找好裱工，我在汉口裱的。"

大千先生抚着那裱工不到家、每遇折叠处便显得有点凹凸不平的卷子说："难怪了，讲起裱手卷，苏州第一了，裱手卷的裱工是十三层，那多精细啊，所以最润泽。北平的裱工涩一点，次之。这个外江的裱工简直不上谱了。"

看完了最后一卷，大千先生细心地将画卷紧，将象牙签插进套套里，再慢慢地用缎子把它裹起来。我想，这时他的心中一定感慨万端吧，因为早年他自己的收藏曾雄视宇内，那时他只要遇见心爱的东西，非到手不可，即使倾家荡产也在所不惜。当时他的收藏之富，国中恐怕无人能敌。后出国时，仓促未及带出，大风堂镇山之宝几已遗失泰半，再加上几十年来他每需用钱时，便是再心爱的东西也以低价卖了出去（常常和不计代价购入时的价钱不能比）。因此，虽然目前在他的收藏中仍有许多精品，但和他一度拥有那样灿烂光辉的书画王国却是再也不能相比的了。据我所知，十几年前他把心爱的石涛册页以三四千美金的价钱脱手，今天的行情已几十万美金也不止啊。但他就算想起，也从来没有后悔过，这大概就是艺术家的本色吧！

# 大风堂镇山之宝

《大风堂名迹》出版以后，逢着要送人题字的时候，大千先生总不免要拿出它来摩挲一番。他抚着那四巨册精装本的深蓝色封皮，轻轻地慨叹："我真不成材啊！"这部画册里的收藏实在给了他太丰富的记忆。

董源的《潇湘图》、顾闳中的《韩熙载夜宴图》、宋徽宗的《祥龙石图》、方从义的《武夷放棹图》、恽南田的《茂林石壁图》，郭熙、王居正、赵孟頫、"元四大家"、仇英、石涛、八大……

人名、画名渐渐在他眼前淡化……就像《大风堂名迹》序里所说的，这些画已成"过眼云烟"了。

将近三十年前，大千先生从香港动身，率全家移居阿根廷，就将这批画脱手了一部分；等到不久在巴西定居，他决定"开疆辟土"、兴建五亭湖时，又卖了一批给美国匹兹堡的一位钢铁大王，当时得款一百七十五万美元，悉数投入开人工湖、造假山的浩大工程，就造成了占地两百七十亩的中国式亭园"八德园"。虽然，这些瑰宝已经一一流入他人手中，但直至今天他也不曾有过悔意，他说过"曾经我眼即我有"。

传董源，《江堤晚景图》

只要这辈子他曾经拥有过，他便不遗憾了；对于这些画，他也是怀着同样的心情。

目前在大千先生手边的收藏中，最有价值的当推一张《江堤晚景图》。有人出价二十五万美金，为大千先生所拒：一方面他自认此画至少值一百万美金；再者，他对这张画有着特殊的感情，宁可兴趣来时，挂在画室里细细赏玩，作为"镇山之宝"，不忍遽然割爱。

《江堤晚景图》可说是大千先生收藏中最富传奇性的一张画，关于它的传说和争议特别多。有人说这是董源的作品，有人说是赵仲穆的，甚至还有人说是赵干的，也有人认为只是张宋人作品。而提起买这张画的经历，也颇有一番周折。

抗战前，大千先生在北平住了很长的一段时间，那时的日子过得很优游，听戏、看画、下馆子，就是生活中的基调。大概故都的日子太值得回忆了吧，大千先生每提起北平的种种，无论是听金少山、郝寿臣的戏，或是吃安儿胡同的烤肉，语调里总透着抑制不住的兴奋，由厚厚镜片后射出的目光也流露出一股眷恋的神采。

那时，每天下午他都和二三好友逛琉璃厂，看看字画。琉璃厂的铺子虽有三百多家，但一个下午认真地看字画，大概逛个三四家也就差不多了，然后几个好友便相偕去下顿馆子。

一天，大千先生和朋友逛到国华堂，在朋友怂恿之下，国华堂萧老板拿出他最心爱的一幅画，也就是这张无款的（五代和北宋初的画家有不题款的习惯）大青绿山水（即《江堤晚景图》），上面有远山近树、亭台楼阁、细笔人物和江波粼粼，不仅人物、山川笔法极其细致，观之又觉气韵高华无比。

大千先生一看之下，大为倾倒，爱之不能释手。他再三恳求萧老板转让，但萧老板说什么也不肯割爱，说这张画是家传之宝，准备带进棺材陪葬的（明末吴问卿带了黄公望的《富春山居图》陪葬，他想等画烧完再瞑目，可是他的侄子趁他弥留之际，陷于昏迷时，拿了不相干的手卷来烧，这时《富春山居图》虽已被烧断了一角，但是一代名画，总算免于浩劫）。

大千先生一听萧老板要拿这张画陪葬，不禁大惊，但是无论他怎么说好话，或出再高的价钱，这位国华堂老板就是不肯答应。

不久抗战军兴，大千先生辗转从故乡到上海，转香港，再回故乡四川，在都江堰旁的青城山上蛰居起来。当然，在这八年之间，他对那张《江堤晚景图》无日或忘，每与人谈起此画，总是又赞赏，又嗟叹，真是恨不能据为己有。

抗战胜利后，大千先生一旦重履故都，马上就向人打听萧老板的下落，但是八年之间，人事变化不小，当初说要带画陪葬的萧老板，人已物故。不过那张《江堤晚景图》却没有被拿去陪葬，而不知怎的落入一位韩姓军长手里。韩军长财力雄厚，雅好字画，他有意辟一间博物馆来展览毕生收藏的珍品，以娱晚年。因此大千先生要求他脱手，其艰难的程度实在不亚于当初要求萧老板。终于，韩军长在大千先生再三商请下，开出两项条件，除非有：第一，五百两金子；第二，二十张明画。否则不谈。

这个价码实在惊人。也许韩军长有意要大千先生知难而退，但他竟毫不考虑地说，只要人家肯让，还怕凑不出钱吗？抗战胜利后，正好大千先生开了几次画展，盛况到了户限为穿的地步，所有的作品都被抢购一空。大千先生原拟用这笔收益买一座他早已看中的、能住六户人家、有六个独立花园的四合院，这下只好舍房子而取名画，许多人因此目大千先生为"神经"。

钱没问题了，但是二十张明画哪里去找？于是大千先生又带着韩军长到琉璃厂去选，凡是他看中的就买下来，再加上从兄长、朋友处收藏的明画，总算凑足了韩军长要求的数目。

这张画得手后，大千先生一方面越看越得意，另一方面，却对《江堤晚景图》这幅画的作者起了疑问。

他客居北平时，不过三十余岁，自承那时眼力还不够，和众人一样，都以为这幅无题的《江堤晚景图》是赵雍（字仲穆，赵子昂次子）画的，因为这是张赵仲穆最擅画的大青绿山水。回蜀的八年中，他左思右想，总觉得不对，这山水的气势和笔力似乎非巨然不行。等到《江堤晚景图》挂到家里来以后，大千先生日日面对这幅笔法如此细腻、气魄如此开阔的巨作，又开始对作者是否为巨然感到怀疑：会不会是巨然的老师——董源？正在大千先生心生疑虑的时候，他的学生萧建初很兴奋地跑来告诉大千先生，说他在故宫看到赵孟頫写给好友鲜于伯机的一封信，上面有这样一段文字，他特地抄录下来：

> 近见双幅董源，着色大青大绿，真神品也，若以人拟之，是一个无拘管放泼底李思训也，上际山、下际幅，皆细描浪纹，中作小江船，何可当也。

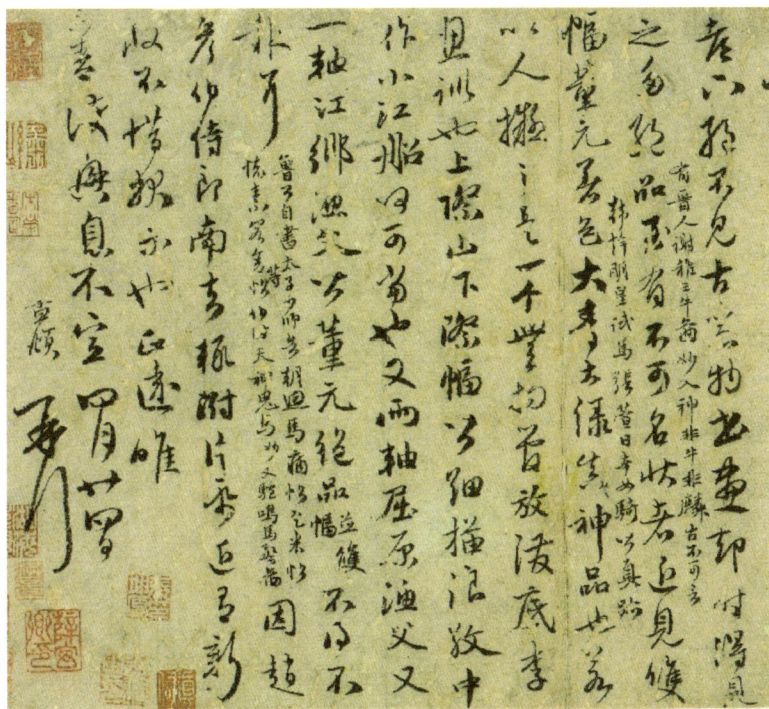

赵孟頫，《致鲜于枢信札》局部

　　赵子昂这段话，真是说到大千先生心坎上，因为他个人独特的看法，以为这是董源的作品，竟获得古人文字的证实。这幅《江堤晚景图》正如赵孟頫文中所形容的那般：中间有一条直纹，是由双幅绢拼起来的，正是大青绿山水，也的确是个放泼的李思训；同时"上际山、下际幅，皆细描浪纹"，所描写的景致与这幅《江堤晚景图》无不一一吻合。

　　存于大千先生心头多日的疑虑，顿如拨开云雾见青天般获得澄清，心头的快慰，真是难以形容，他立刻在《江堤晚景图》

画幅的下端题道：

> 　八年前予客故都时，曾见董元（源）双幅画，自南北
> 沦陷，予间关归蜀，数年来每与人道此，咨嗟叹赏，不能
> 自已。去秋东房瓦解，我受降于南京，其冬予得重履故都，
> 亟亟谋见此图。经二阅月，始获藏予大风堂中，劳神结想，
> 慰此迟年，谢太傅折屐，良喻其怀，米元章尝论董元画天
> 真烂漫，平淡多奇，唐无此品，在毕宏上，今世欲论南宗，
> 荆（浩）关（同）不可复见，遑论辋川（王维），唯此董元
> 为希（稀）世宝……

　　不过，专家们对此画作者仍持有其他的看法，他们认为在
缺乏旁证的情形下，单凭赵孟𫖯这段话并不足以取信，因此一
般仍认为这是赵仲穆或十四世纪以后的作品。甚至有人说，《江
堤晚景图》实际是赵干的作品，原作的其中一根树干上曾题有
小小的"赵干"两字，后为大千先生涂抹了。

　　但据大千先生说，那"赵干"两字分明是后人加上去的，
手法拙劣，墨迹与原画丝毫不能配合，明眼人一看即知是出于
伪造，他自然要将它抹去，以恢复原画的本来面目。

　　大千先生说，赵干的画一看之下便觉透着股霸气，这张画
不温不火，画法精致圆润，浑然天成，实在不可能是赵干之作，
更何况，若真是南唐赵干画的，那他又何必多此一举呢？因为
有赵干署名的真迹更值钱哪！（赵干流传到今天的作品只有一
幅《江行初雪图》。）

　　虽然不同意大千先生这种独到之见的，仍大有人在，但大千先生对于看画一道，一向有着相当的自信和自负。他看画从来探取"直观法"，因为他具有鉴赏家和创作家（有一个时期，他专门代古人立意作画）的双重身份，使他看画的角度有别于纯鉴赏家，也使他对气韵、笔法的领略比他们更深刻。事实已证明，当世界大博物馆的所谓东方艺术专家用显微镜观察、用科学方法分析仍然看走眼，而以今当古、以假作真的时候，大千先生对《江堤晚景图》的"直观法"，其实和明代董其昌把《江干雪霁图》当成王维真迹一样，反映了大画家试图重建历史的气魄。

# 从印度舞蹈到敦煌艺术

　　听说印度古典舞蹈团要来台湾，大千先生表示有意前往一观。中国京剧中"无动不舞"的画面，曾带给他无尽的创作灵感。他冀望印度舞蹈里肢体动作和服装之美，能同样为他带来新的启发和创作泉源。

　　上一次他看到印度舞蹈已是三十年前的事了，那时他卜居在印度的大吉岭，经人邀请，到泰戈尔大学去看"散花舞"。

　　他的感受是，印度舞的腰骨和手指的动作最美。同样是东方舞蹈，泰国的舞蹈也很有名，但是大千先生觉得泰国舞的手指和肢体的动作和印度舞比起来，都太僵硬，也太呆板了。

　　他谦称自己对舞蹈没有研究，但是对印度女子的服装"纱丽"却叹为观止。"纱丽"只是一块纱样的布，但是在印度女子肩上一搭，就成了最美丽的衣裳，那种线条美得真可以入画。

　　大千先生说，中文所谓"天衣无缝"就是用来形容这种服饰的，着这种"纱丽"的女子要是舞动起来，简直是"飘飘欲仙"。

　　大千先生年轻时曾对人物画下过一番功夫，他的朋友谢稚柳劝他从此专攻人物，在中国绘画史上一定是五百年来第一人。

但是他在艺术领域里的高才多能，使他不能专情于人物一门，然而人物画却仍然是他的绝活之一。

由于晚年他眼力转弱，已不能作工笔画，画人物时大都以简单的笔触勾勒出人物的轮廓，再以粗笔寥寥数笔画下头发，以"遗貌取神"的笔法，做到写意重于写形。

也因此他早年的人物画变得更加可贵。在他手边分属各个时期的人物画里，有秀丽雍容的传统仕女，有带着淡淡哀愁和一股仙气的湘妃。虽然前者有古典凝重之美，后者有近乎神化的美；但是纯以美言，令人观之有"惊才绝艳""惊为天人"之感的，却是一张印度美人画。

大千先生说，他最喜欢看印度女人头发挽个髻，从髻上悬

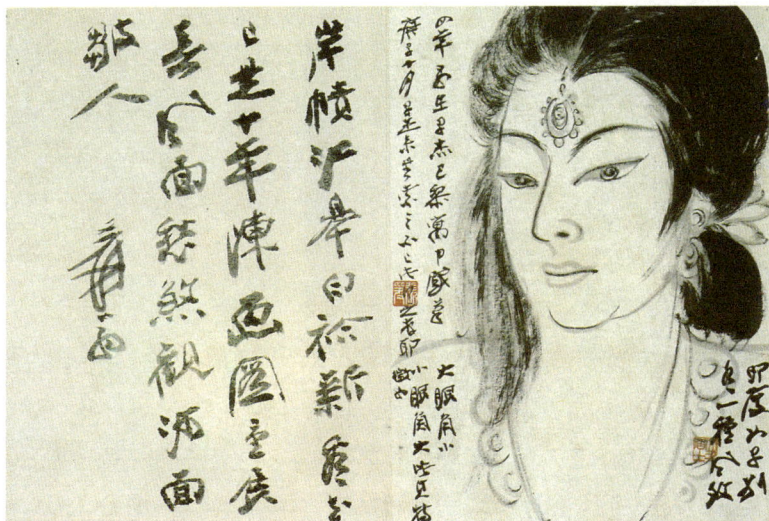

张大千，《大千狂涂：印度女子》，1961 年

了一根尾端是一小块金牌或银牌——上面镶有翠玉的装饰，这块装饰正好悬在前额上端，跟人讲话时，那玉饰轻轻晃动的神态，令人着迷。

这张印度美人图是一幅浓丽的五彩外加金粉的册页，图中的女子身着纱丽，头部略为倾侧，额前那块翠玉斜挂着，风情无限，美丽的五官，艳丽的服饰。乍见这张册页，谁能不为她

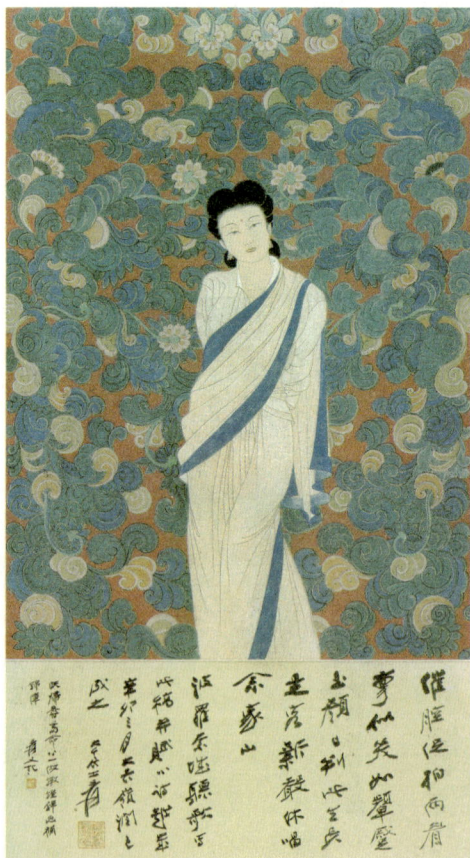

张大千，《天竺歌姬》，
1951 年

所慑——一片金碧辉煌中，好一个绝世美人！

大千先生居住大吉岭时期，脑中留下不少印度美女的形象，他也十分注意观察她们的装扮和服饰。

印度女人喜欢在鼻翼穿孔戴鼻饰，这个习惯令大千先生有点不敢恭维，至于在前额当中点个红色的"吉祥符"，大千先生以为是美的。

大千先生也想起中国古代的一个故事。

南朝宋武帝的女儿寿阳公主一天午后小睡，睡着的时候有一片梅花瓣掉落在她额头上，那个情景美极了，后来宫女看到也就学样，将梅花贴在额上，或将梅花画在额上，被人称为"梅花妆"。发展到后来，还有古代仕女在酒窝上画醉鸥作为装饰。

中国和印度的女子分别在额上作记，以为美的表示，两者孰先孰后？哪个受哪个的影响？或只是不约而同？这就不得而知了。

要探索中国艺术和印度佛教之间的渊源，敦煌壁画无疑是个重要的线索。

敦煌壁画的所在地千佛洞，最早是在前秦苻坚建元二年由乐僔和尚在此挖洞修道，北魏法良和尚继之，以后就逐渐有僧侣、信士、艺术家、工匠不断来此绘画佛教故事；日积月累，成就了中华艺术最丰富的宝藏。

敦煌壁画代表了从北魏到元朝一千年来中国美术的发展史，也是佛教文明的最高峰。

大千先生于一九四一年三月入敦煌，工作了两年零七个月，

张大千在敦煌莫高窟第 44 窟前，1943 年

张大千在敦煌临摹壁画

描摹了两百七十六件作品。

据大千先生说，敦煌壁画中所绘的佛教故事，都是"中国化"的。

因为要劝中国人信教，画释迦佛时，照理应是头上缠布、上身赤膊、下面系个短裤头的"印度造型"，但是在敦煌壁画中，释迦却变成了中国人，绘画者为了使中国信徒崇拜佛祖，还在他头上加了一个皇冠，上面写有"王"字，使人易生敬仰之心。

至于释迦的母亲的画像也是唐脸唐冠，身上穿的是全套贵妃醉酒的服装。

为了印证这种说法，大千先生翻出他在敦煌描摹下来的人物画册，里面飞天占了很多的篇幅。

飞天的姿态极美，衣着类似纱丽，好像凌风而来，在衣袂飘举、轻盈曼妙中，降临人间。

飞天是佛教故事，因为菩萨讲经时，一定有飞天来奏乐。

敦煌壁画中的飞天，从初唐到宋代的都有。

飞天的乐队有八人、十二人或多达十六人三种组合。有一两人舞于其间，一人手执打板，以为节奏；飞天用的乐器有琵琶、箫等。

这些飞天的造型即使不是直接受印度影响，也是中土的绘画者接触了来自高昌、龟兹那边的风俗或绘画，而间接地受到了印度的影响。

这些飞天的面孔全是"中国脸"，服装则是纱的，可能和印度纱丽有关。至于壁画中的菩萨也都是中国面孔，但分不出男女，因为修到菩萨之境，就忘情男女，兼具男女二性之美了。

绘画者所绘的雷神是个两只爪的怪兽，在天上飞，并且手中持锤打鼓，一如东汉王充《论衡》中所描绘的雷神模样。

后来，大千先生在印度当地的佛教艺术中，发现印度绝没有中国这种雷神，印度的雷神是手中持着像打棒球的球棒般的降魔杵，坐在金刚座上，一旦坐热，他冒火了，就发出雷电。

大千先生在敦煌待了将近三年，在这段艺术苦行僧式的生活中，他对这批宝藏的领悟和心情可分为三个阶段。

甫抵千佛洞时，一个西夏的洞子令他醉心得不得了，里面壁画的风格和故宫的宋画相近，那时他并不欣赏唐朝的壁画。

七个月以后，他功力渐进，开始体会到唐画的优点，反而觉得宋画也许受了理学的影响，毕竟呆板了些，唐画的线条细观之下，柔美极了，风格又比北魏的成熟。

以后他便专在唐画上下功夫，等到将近三年的辰光一晃而过，到出洞前两个月，他才发现六朝画的笔墨最高，描绘风吹震动的样子，好像令人听得见风声，人物都刚健美丽，尤其笔法好、思想高，是他以前所未能领略到的。大千先生想等出洞以后，将来再回来研究，可惜后来战争爆发，再也没这个机会了。

在大千先生临摹的两百七十六件作品中，有两百多件留在四川，他只携了五十六件作品去印度求证到底敦煌艺术跟印度的渊源如何。

经过在印度一年零八个月的印证，大千先生的结论是：古代印度人普遍信仰婆罗门教，佛教徒反而并不甚众，也因此印度的佛教艺术远不及中国昌盛，而在宗教画上的成就更无法与敦煌丰富的宝藏相比。

当年大千先生是顶着"盗窃国宝、损毁古物"的罪名，来从事这项艰辛工作的。他为了实现去敦煌的梦想，曾投入无数人力物力，并为此欠下五百两黄金的债务，才排除万难，携带着自己的门生子侄，以及一厨二差，加上装食物、画具的驴车共七十八辆，浩浩荡荡地走向无垠的沙漠。

作画时光线不足，只得手持蜡烛；空间不够，只得或俯或仰；他在种种条件俱缺的情况下，焚膏继晷地默默工作了三年。

是他的努力，唤起了大家对敦煌艺术的瞩目；是他有系统的介绍，更肯定了敦煌壁画在中国历史和艺术上不可磨灭的价值。

# 艺事谁能"大、亮、曲"

九百年前，宋人郭熙论画，说山水画最好的境界是"可以行、可以望、可以游、可以居"。

郭熙的意思是，山水最好能画得让人行之、观之不足，更要能往画景中一游，游之不尽意，还要让人想居住在其间才好。

九百年后，大千先生拈出"大、亮、曲"三个字，作为他自己作品的特色，也是他赏画的标准。

"大"，指的不是画的尺寸和篇幅大，而是角度要大，要开阔。就是一张小画，也要能从小中见大。所以有人说大千先生绘的荷花，即使不是巨幅的泼墨荷花，只是小幅册页上的精品，看起来也仍然是大池塘里的气象，而不是瓶子里供养的芙蕖。

"亮"，一幅画能在众人的作品里突出，让人一眼能为它所吸引、所震撼，就"亮"了。

大千先生说，多少年前，黄君璧这名字第一次在他脑海中留下了深刻的印象，就是因为在百余位广东画家的作品展览中，黄君翁的作品特别"亮"，所以最突出。

"曲",画面里有股曲折不尽的意思,让人不能一眼看穿,感到余音袅袅,回味不绝,便是"曲"了。

仔细想想大千先生的画论,倒也真可寻思出不少道理来。

看他作画至今,从有"穿花蛱蝶深深见"趣味的花卉小品、没脸美人的游戏之作,到大开大阖的巨幅(晚年他因为多病兼之体力较以往为差,为了怕耗费精力,他不像以往一样那么常画需要一气呵成的泼墨画,倒是常常着力于慢慢渲染、酝酿境界自成高格的作品。像他临去韩国开画展前赶出的四张不大不小的山水册页,当真是近年来最好的清逸小品,画面平淡悠远,令人回味无穷。每张各有不同的境界,令人神观飞越,隐然有出尘之想,可说他的画风到老年已由往日的雄浑转而为空灵),这些画无不自成一个天地,画本身就是一个自足的小宇宙,令人悠然神往,如何不"大"?

大千先生常拿看戏和作画相比,他说金少山(有名的花脸,他的脸都是自己画的,往往在谈笑间三五分钟便画成一张绝好的脸谱)是京剧写意画的始祖,钱金福则是京剧工笔画的始祖。

谈到梅兰芳的戏,他总爱说梅兰芳一出场的那一刻,感觉上好似喧天的锣鼓突然静寂了下来,台底下原来正交头接耳的观众顿时也变得鸦雀无声,好一阵,观众才像醒悟过来似的,掌声如雷,叫好不绝。

在梅兰芳亮相的那一刻,他的风华绝代、美极了的身段足以叫人屏息,那最静的一刻也就是艺术的最高境界。

这和大千先生说画要"亮"的道理是一模一样的。

张大千与梅兰芳（前排右三与右二）在上海合影，1948 年

　　说到"曲"，我想起若要判断大千先生作品的真假，以这个"曲"字来做标准，真是再适当不过的了。

　　前一阵我先后路过台北汉口街附近的两家古玩店，铺子的橱窗里，都在醒目的位置挂着署名大千先生的画。一次见到一张"高士"，我在橱窗前伫立了一会儿，努力地想记住它的全貌，无奈怎么都只能留下一点模糊的印象，面对一张好画，一个人的反应是断不致如此的。

这名高士脚下端有些松枝和其他植物夹杂其间，先不说这张画的题款不对，高士的神态、气质都不是大千先生的画法。就以整个画面来说，平淡无奇，看过即忘，没有一处能让人留下一点深刻的印象，哪里去找"曲"的意味？

后来一次看到的是一张山水，我相信造假画的人甚至没有看见过或好好研究过大千先生的真画，因为那张山水有一大片红花绿树，一眼望去杂乱无章，兼之粗糙，不但看不出重点所在，构图、笔法和大千先生的习惯更是风马牛不相及。

大千先生画山水，在一片苍茫之中，常会留一点"奇笔"。也就是在最孤绝之处，或远远地出现一名高士，或绘一造型古拙、线条典雅的小寺庙于云雾之间，或浮现出远方即将隐没的江帆……甚或在孤峭的悬崖之间、山巅之上，生出一株点朱砂的远树，借收画龙点睛之效。

大千先生对这点红是多么珍视啊。非要用得"奇""绝"，能使画面立时突出，或使画境更为孤渺，他才一试。哪会好像朱砂、洋红不要钱似的，画了满满一片，并且章法杂乱得很，丝毫不像名家的手笔呢？

"曲"的要求是很高的，因为它不仅求之于画面，还求之于画意和画境。记得有一回在大千先生画案前侍立，看他画荷花。那天他以特制的荷花笔，先用水浸湿，旋即蘸满了墨，大笔一刻不停地在菠萝纸上迅疾地游走着。瞬间，笔酣墨饱的田田荷叶已经完成，而墨色仍然在纸面流动。

用较细的笔画完荷茎后，他审视一下画面，大概感觉太饱满了，他说过，画画最忌"甜熟"，画得熟极而流是最糟的。于

张大千画泼墨
荷花，1976 年

是他看了看画面，想把这种印象改过来。

　　他以渴笔配合添了些枯茎和残荷，又妙笔天成地勾勒出偶
然冒出的荷花苞，而茎子却虚虚实实地躲在丛丛枝叶下。浓墨
与淡墨相间、新荷与枯荷辉映，画面一片朦胧。

　　于是一幅"疏池种芙蕖，当轩开一萼，暗香襟袖闻，凉月
吹灯坐"（大千先生咏荷诗）的荷花图便完成了。

　　人说大千先生画荷花继承了八大的传统而予以发扬光大，
再加上现代人的技巧，乃成了他自己独特的画法。

　　他自己看了也不禁得意地说："画画单要求具有诗意还不
够，更要具有词意。"也就是画中要有缠绵蕴藉、幽幽不绝的
意境。

绘画之道多不容易啊。每当我见他以八十高龄，画山水时，那样一丝不苟地、一笔笔地皴，一道道不厌其烦地渲染，画泼墨作品或荷花时，那样全神贯注，把整个人的精、气、神一齐投入，不禁感到，对他而言，生命和艺术原是合而为一的。

# 他只是要享受那过程

许多人也许觉得奇怪，大千先生那么会花钱，到底怎么个花法？

凡是他所爱好的东西，他从不考虑它们的有形价值，在别人看来是一掷千金的豪举，在他看来只是理所当然；在别人眼中他的钱花得未免"不值得"，他却觉得用钱换得了视觉上与心灵上的享受，"太值得了"。

以前台湾盆景的一般市价只要几千块一盆，他来台湾以后，行情马上看涨。因为卖盆景的人，知道只要他喜欢了，非到手不可，不会计较价钱的，那么卖几千块倒不如卖几万块。所以很多人说台湾花石的市场，被大千先生弄乱了。

前些日子大千先生有新竹之行，他看中了一盆梅花，物主竟索价二十万元台币，据朋友们看，若非大千先生要，那盆梅花卖给别人几千块也就卖了。在周围朋友力劝之下，大千先生方才按捺下买它的意念，但回来后仍不免有点若有所失。

大千先生这一辈子在花园上（包括盆景、石头在内）投资无算，别人建设花园，只要花一笔钱便一劳永逸了，而大千先生的造园艺术则非如此简单，它的面目永远在变化。他不但勇于建设，也常觉得"今是昨非"，当更完美的构想滋生时，旧的构想便得务求除之而后快，而以新理想代之；由于他的创造力、变化力不停地衍生，而付诸实行的魄力又大，因此他的花园也随着他构思的起伏，不停地在日日新。

摩耶精舍前院本来是一片柳色青青，夹杂一些竹影参差和几盆随处安置的盆景，景致本已不错了；也许稍嫌平面化，大千先生便决定在此辟一池塘。

施工期间，池塘的一切成了每天萦绕在他心头的大事，他可以说日日和工人们一起作息，举凡砌池塘时石头如何大小错落，到池旁的花木掩映都经由他一一指点。

池塘修建得几近完工时，大千先生便有韩国之行，本来说去韩国至少要旅游半个月的，但是他去韩十日便匆匆赶了回来。了解他的朋友不免猜测——大千先生虽然身在千万里之外，是不是仍不放心家中小园一角的池塘呢？

现在一泓碧绿的池水已成，池水因着地势高低分三个层次淙淙下流，再加上特别去山区谋来的一块样子奇绝的拱形古木，古老苍劲，不偏不倚地巧嵌在池塘中央，让鱼群由中间穿梭游过，像一道天然的拱门，平添无限情趣，这景象总算叫大千先生感到满意了。

一般人总以为大千先生洒脱得很，但是有时他却不免自责："我还不够豁达啊。"

因为他对钟爱的东西有一份异于常人的执着，为了思忖一花一木一石摆设的位置和姿态，他常常茶饭无心，甚至思索致彻夜不眠的境地，直到那理想的情境或画面出现乃止。对于他雅好的东西，他的执着有时像孩童般认真和不近情理，说来也正是艺术家的赤子之心。

前院池塘既成，大千先生的心神不免又转移到了四合院中的天井。

照大千先生原来的意思，当初造四合院中的天井，便是要在天井的四周留一道不规则的沟渠，下面遍铺溪石，再引进外双溪的活水流动其间。他的理想大概是朱夫子那种"为有源头活水来"的境界吧。那时"天光云影"就可在此中"共徘徊"了。

可惜不知怎的，虽然他在造房子之初就曾再三关照过，工程人员却未能依他的意思而行，以致屋成之后，天井里的沟渠始终无法和外面的溪水连成一气，令他不时感到遗憾。

既然沟里的水流不动，那么就依沟渠的走势"挖池塘"吧，反正水是非叫它流动不可。

为了挖池塘，大千先生又经历了一段食不知味、脑筋全为池塘种种所占据的日子。

一天，大千先生中午用饭时，在席间讲了个《儒林外史》中的笑话，说有个吝啬老人临终前，始终伸着两根手指头不肯断气，旁边人问他是不是担心哪两个人？哪两件事？还是哪两处田地？一切有关"二"的问题都问尽了，他全摇头；后来有人会意地把老人身旁点燃的两根灯草挑掉一根，老人才安心地含笑瞑目。

这天大千先生中饭未用完，便又急着站起来拄着手杖，慌慌忙忙地赶去看施工情形。张夫人看到他这样席不暇暖的样子，有些看不过去了，便说："老太爷，你急什么呀？工人还在休息

张大千徜徉于摩耶精舍天井内池塘旁

张大千与夫人在摩耶精舍后院

张大千立于"翼然亭"与"分寒亭"前

哩，你把这顿饭吃完，不差这点时间欸！"

大千先生这时却好整以暇地回答道："夫人有所不知，我就跟刚才说的老家伙一样，这问题在心里比那两根灯草还厉害！"

众人都笑了，张夫人又能奈他何呢？

终于天井里的池塘竣工了，那是典型中国式的园林趣味。池旁随意栽种着样子很奇特的盘形松，从一个根发出无数松枝呈圆形向四周延伸，而不向上生长；还有一丛丛的菊花，点缀其间。大千先生说，兴工造池塘花了那么多钱，所有的价值都在这个角落上——为的是这一角极富石涛画的意味。喜爱大涤子的人，对于他画面中所呈现的松，印象应该十分深刻吧。

池塘造好，大千先生岂不又寂寞了？不急，还有第三期工程呐。

不久后院又大兴土木了。

其实后院早就整理得很具规模了。一片绿地上蜿蜒着不规则的白泥砖小径，草地上散置着几盆松柏；远处有一堆或大或小、很有个性的石头，为整个画面带来些阳刚之气；沿着园中小径，路旁一径间植着梅花和海棠。

园内景物与环绕院外的青山、溪水相衔，已经够美好的了。登临在那两个中国式的亭子——"翼然亭"和"分寒亭"——上（这是最近大千先生为它们命的名），凝望溪石上飞越的流水，真叫人兴临流舒啸之想。

但是大千先生并不满足，他又有了两个新蓝图。

一个已经接近完成了。那是在临溪河堤上，以棕皮和茅草为顶，以带树皮原木为柱的一条长廊。说它是乡村风味，或是有点野趣，都无不可，同时又相当发人思古幽情，因为伫立在廊子的这一头望到那一头，是那么深远。

自从这条长廊粗成，大千先生每天总要在此漫步几回，在此可以听风听雨，也可以凝望对面"相看两不厌"的青山。

河堤另一角新近蹿起了一个气势壮观的亭子式的建筑，那更是大千先生长久以来的心愿——他要造个烤肉棚。让烤肉香随着溪水散到老远老远的地方去，引得朋友们都来，那时就更热闹了。

朋友们听了很兴奋，像台北故宫博物院副院长江兆申先生就说，他准备随时闻香而至。

朋友们问他，是不是准备做蒙古烤肉？他摇摇头。他说，蒙古烤肉是外面的噱头，他想大概是日本人出的主意，因为成吉思汗是所有外国人都熟悉的名人，于是打着蒙古烤肉的招牌以吸引外国人。

实际上真正的烤肉方法源自新疆，而且目前外面的烤法也已经变了质，他这儿的才是真正的新疆烤肉。

朋友们都在热切地拭目以待。

若有人以为大千先生真是爱吃极了，那倒也不见得。

他只是把烹调视为一种极高的艺术，享受那份"精致"和"以吃会友"的快乐。大家都晓得他是没有朋友共享不欢的，有时甚至邀人与他共享美味的动机比他自己爱吃的动机更强，他深知"独乐乐不如众乐乐"，不管是大风堂师傅或是他自己亲自调制的佳肴，只要看朋友们吃得津津有味，他便也乐陶陶了。

至于造烤肉棚也是同样的道理，他又岂真单单爱"吃"爱到那个程度？他不过是在追求一种生命的情调和美感罢了。

接近他的亲友都觉得他这样不停地建设、不断地修改有点太"浪费"了；即使他的家人已经习惯了他这种时时求新求变的方式，有时亦不免希望他少变一点，保留下生活中安静的一面。

至于往来于摩耶精舍的客人们和大风堂的弟子们，已经能用那种熟悉而了解的眼神注视这样的画面——从清晨到薄暮，大千先生永远那样精神勃勃地不是在指挥搬石头、移花木，便是自己在园内全心全意地欣赏或研究。是什么力量使得一个八十高龄的老人如此呢？除了一股狂热的兴趣，还有什么别的解释？因为这些事物成了他生命中光热的投射，也是他审美观的完成——这些恰是他生命中极重要的部分啊。

每当大千先生策杖而行，漫步到花石之前，凝视着他所手植的——像目前当令的梅花也好、海棠也好、茶花也好，绽蕊飘香，美丽得可以入画时，或是向朋友们介绍自己的新建设，博得一致赞赏时，他不禁把面前白得飘飘然的胡须信手一拈，露出孩童般的微笑，体会了人间最快乐的一刻。

目前他还有几个心愿尚未达成。其中之一便是要在摩耶精舍内种梅百株，要在溪岸上遍植各色花卉，使四季之中，每一季都有鲜花盛开。

等这些愿望都实现以后呢？放心！他还会为自己编绘新的理想的。

他的公子葆萝说得好："我父亲心目中并没有一座完美的花园，他只是要享受那过程。"

不是吗？艺术家永远在追求完美，这种追求哪有停止的一天？

# 看画册说真赝
## ——揭开"真假金冬心"之谜

"以前我们总以为日本人鉴赏中国书画内行,其实不然,你看……"大千先生指着日本平凡社出版的一套《世界美术全集》中的第二十集"中国明清近代"部分说:"这张他们认为最好的金农(字寿门,号冬心)的画就是我画的!"

这本集子里共选了四幅金农的作品,其他三幅都是黑白的,占的空间也小;大千先生说的这幅《罗汉图》却是彩色的,而且占了一整页。

画中那个盘腿而坐的红衣罗汉,据大千先生说,他曾在三老师李筠庵(清道人李梅庵之弟)那儿,看到金农画过类似的罗汉造型。至于这张画的背景和罗汉旁边的棕榈,乃是大千先生的自创。

大千先生信手翻了翻前面,又赫然发现一张署名石溪的《雨洗山根图》,也是他自己的作品!

看到这些年轻时候的游戏之作,他心中不知是得意还是怅然?

中国绘画史上,大千先生最心仪的画家,金农是其中之一。

他常说："金冬心的画画得极其蹩脚，但是又好得不得了。"提起他所倾倒赏爱的画家，他的语调和神采都是不同的。

金冬心六十二岁才学画，画画的技巧跟孩童差不多，但是他的画却魅力十足。分析起来，除了他的画中隐然有股金石气外，大千先生还佩服他的诗文，认为他的画也是"腹有诗书气自华"的作品，虽然欠缺技巧，却是标准的文人画——雅极了。

和金冬心同时代，年纪相若，同列"扬州八怪"之一的郑板桥在大千先生心目中，似乎就要比金冬心差了一点。

也许是郑板桥的诗文比较通俗，不若金冬心的格高；也许是郑板桥的画职业画家气息重，不如金冬心的文人画韵味足；也许是郑为人的"江湖气"……总而言之，在大千先生心目中，郑板桥是不能跟金冬心相提并论的。连板桥脍炙人口、独具一格的字也被大千先生评为"俗气"，如果这不算偏见，应该是归诸艺术家强烈的爱憎情绪吧。

我想，大千先生对金冬心如此倾倒、下的功夫如此之深的原因恐怕是：

第一，金冬心跟石涛一样，都不重视传统的技巧。他们的画都直抒胸臆，不落窠臼。

第二，大千先生的老师清道人也是个金冬心迷，他练金冬心的字练得出神入化，这对大千先生一定具有相当大的影响。

每个画家年轻时，都有一个仿古的阶段，对象自然是他自己崇拜的画家。年轻时的大千先生是那么聪明绝顶，在艺术的领域里又几乎无所不能，他那些代古人立意的游戏笔墨，就这样骗过许多自诩的鉴赏家的眼睛。

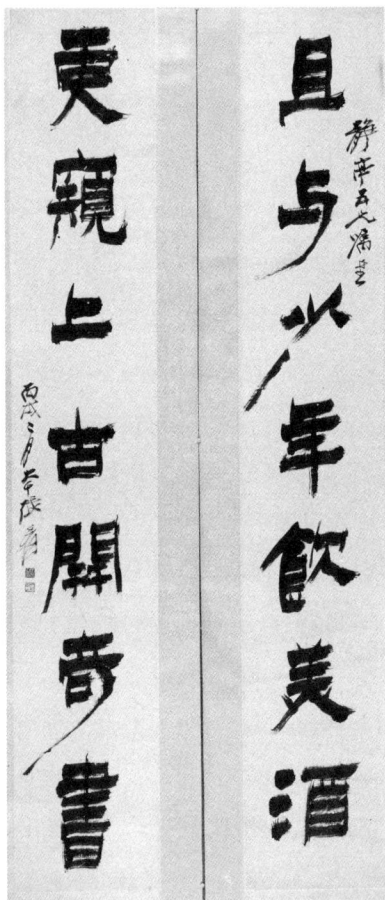

张大千，《仿金农七言联》，
1946 年

石涛、金农都是他模仿的对象。画石涛的时候，他固然在
题款时留下地名、年代不符等破绽，然而世人不察。画金冬心
时，据大千先生说，破绽更多，但是仍有"收藏家"如获至宝
般搜购了去，大千先生不禁摇头："这些人真外行啊！"

首先，金农用的墨色就学不来。金农最讲究用墨，他写字

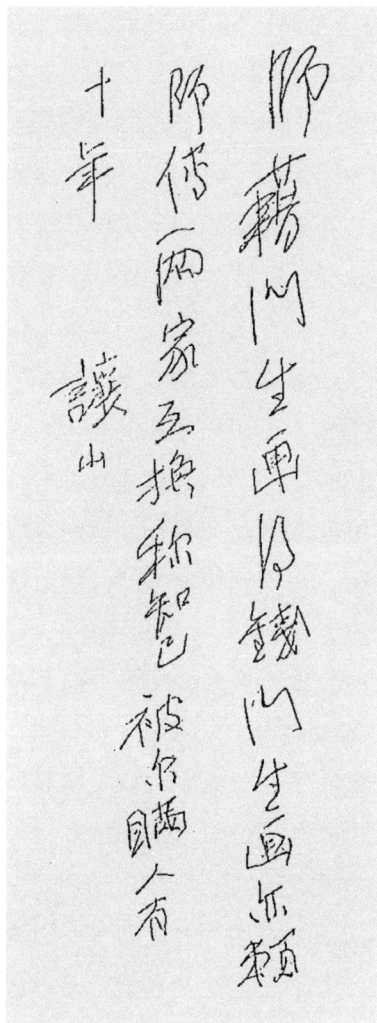

大千先生手书钢笔字释让山嘲金冬心、罗两峰师生诗句

金农，《梅花轴》，1761 年，耶鲁大学艺廊藏

所用的墨全是自己特制的——墨上一面书"五百斤油",另一面书"冬心先生",写出来的字简直黑极了。

大千先生自己也收藏不少名墨,包括康熙、乾隆时的好墨,但是研出来却怎么也不如冬心先生的墨黑,大千先生说:"冬心先生的墨色之黑,只有黑炭可比。"可是黑炭的颜色到底是板滞的,哪有冬心先生的墨色那么润泽呢?这其中的奥妙,大千先生到现在也没能懂得。

他说:"这些人连墨色都不研究,就把我写的金冬心当作真的买了去,更不用谈笔法了。"很有夏虫不可以语冰的味道。

"要让内行人来看,金冬心写的'漆书',学问才大哩!那个笔也不知用的是啥子笔,一落笔就像有两个小开叉似的分成三股子走,然后笔力才汇集在一起,一笔到快停顿时,笔路先按下来一点再稍微往上扬。"

就这点诀窍,也不知叫大千先生投入了多少功夫,但是他总觉得不满意,照他的话说:"一看就晓得,学不到家嘛!"

金农的漆书是从他深厚的汉隶底子变化而来,但是富有他独特的趣味,看似朴雅拙稚,但要学他的漆书,倒也真难。

"他的字不但笔法是自创,结构也是自创,所以难学。"

漆书已经叫大千先生自叹不能,金农的"方笔"——以方笔作书,从笔画到结构全是方的,大千先生更是自觉"差得远了,完全学不来"。

连鉴赏家都能看走眼,把他的"金农"和真金农混淆不清,这当然是他谦虚的说法。

随着对金农的作品浸淫日深,他还发现金农的一个秘密。

记得有一回我拿了家中一幅金农的佛像画去给大千先生评定。这幅画是父亲友人萧伯伯家藏的珍品，存在家父处，因为萧伯伯已故去，又没有家眷；父亲想，如将这张画脱手，也可为故友立一个奖学金，我便携了去。

那张佛像画才展开不到三分之一，大千先生便道："冯小姐，要我说真话还是假话？"我说："当然是真话。"

他说："那就不用看下去了，因为这张画既不是金农画的，甚至不是他两个学生代笔的。"

我说："那怎么会呢？听萧伯伯说，他家已经藏了好几代了。"他说："这话倒不假。"大千先生看着那张裱工已旧得褪了色，因年代久远，显得有些模糊斑驳的画面，接着说："甚至还可能是乾隆以前的画人画的，因为金农有名，后来的人就仿金农的字加题上去了。"

认为金农的画，绝大多数是他两个学生代笔的，这也是大千先生的独到之见。当然一般认为金农有代笔人之说很盛，但总是让人将信将疑，或以为只是少数之作才如此，不若大千先生找出了确凿的证据。

经过多年研究，大千先生发现金农画的风格并不统一。将金冬心的各类画排比起来，可以看出有三种不同的风格：一种是典型的金农画，笔法生拙，但是有浓厚的金石趣味（金农雅好刻图章）；第二种是技巧纯熟的作品；第三种是介于两者之间，技巧比第一种好，比第二种差，风味也在两者之间，既非纯职业画家的画，也有文人画的趣味。

后来大千先生偶然购得一张宋纸本的金冬心墨竹，上面有大千先生非常喜爱的一首冬心先生题的小诗：

> 雨后修篁分外青，萧萧如在过溪亭。
> 世间都是无情物，只有秋声最好听。

更有价值的是，这幅画的裱工上，还有金农好友让山和尚的一段加题。

让山和尚题得很有趣，说是朋友出示金冬心的竹子请他题字，他为了不落窠臼，就写了一段不为外人知晓的秘闻。

他先说有个彭郎善画画，和金农的题字一合作，简直前无古人，后无来者。后来金农的画出现得多了，他告诉他的朋友绝非金农所绘，别人都不信他。

直到乾隆二十八年（1763），金寿门的两个学生罗聘和项均持了老师的信来见让山和尚，并在西湖停留两个多月，大量作画（"漏泄春光，狼藉笔墨"），而没有金农的题跋，这时让山和尚的朋友才相信他的话是真。

让山遂吟诗一首赠给他们师生三人：

> 师藉门生画得钱，门生画亦赖师传。
> 两家互换称知己，被尔瞒人有十年。

这首述说真相的诗读来简直是讽刺。

解放战争后，让山和尚那段题在裱工上的揭发性文字，由于大千先生匆忙前往香港，未及将此画带出，他在离去前曾命人去上海将收藏画之裱工拆下，只把画径寄香港，因此让山和尚那段题在裱工上的揭发性文字现仍在内地，恐怕"文革"的浩劫早使这段画史上的重要文献下落不明了。所幸大千先生手边仅存的一本《大风堂书画录》上还有这么一段记载：

> 寿门处士向以七古、七绝并汉隶名世，六十不出，后始以画传吴越间。廿年前住枯梅庵，有侍书童子彭郎者，擅墨竹，处士喜为题跋，予时过访，出为赏鉴，有前无古人，后无继者之叹。后寓邗上，寄画梅及佛像山水，皆可换入六七百年写意画中，无辨真赝，余语同人，决非处士所制，同人笑予轻议老友，不见道：十三日不见，格外相待，安得伊不是前身画师耶？余默默，是同人所论。至乾隆廿八年，广陵有罗聘、项均二生，持处士手札，并写祖达摩梅花相赠，淹留湖上两月余，漏泄春光，狼藉笔墨，而无处士题跋书字，同人视之索然兴致，始信余前言之有在也，遂书一断句赠二生，并寄处士云："师藉门生画得钱，门生画亦赖师传，两家互换称知己，被尔瞒人有十年。"丙戌五月七日过福皆堂，主人以沈青门、邵僧弥、僧石涛、珂雪及马湘兰诸名画见赏，后出冬心画竹属题，余不落凡近蹊径，应命为序，处士作画因缘，书之左方，他日辑湖山隐士技艺小传，不可少此一段佳话也。

另外还有个证据是，金农的画常有以画迁就题款的现象。大千先生以一张金农的梅花图为例，很明显能看得出这张画是先题好款，再画画的，因为梅花的枝丫完全依着题款剩下的空间而发展，在题款旁弯来弯去，这是大逆常理的。

中国文人画讲究诗书画三绝，是要以题字、题诗补画意之不足，或因留白的因素，以诗文补画面的不足，从来没有为了将就题字而画画的。

这种情形据大千先生推论，显而易见是金农已先收了人家银子，急着要交货（大千先生会心一笑，他深深地体会到，此种心情，古今皆然。虽然他从不央人代笔，却也常有被交了定洋的人催着交货的经验），只好先题好字，再差人送给两个学生项均和罗聘去赶画。

项均、罗聘除了善画画外，都能诗能文，金农曾评这两个学生："初习诗，聘得予风华七字之长，均得予幽微五字之工。"以绘画技巧而言，大概项均还比罗聘高一筹，但是罗聘的画却更有文人画的味道。

在金农自己题款的画中，画得最"蹩脚"的反而是他自己的作品。画得最好的是项均的作品，一度被人认为是金农登峰造极之作的十六张花卉册页便出于项均之手；介于两者之间，却也十分风雅的则是罗聘所为。

至于这张墨竹，大千先生认出是项均所作，金农所题；目前流落在日本西京的一家骨董铺，被店主人当宝贝一样供养着。

# 张大千请吃牛肉面

做菜原是雕虫小技，壮夫不为的事，但大千先生却把它视为艺术。他不但论起吃"道"，处处皆是学问，就是亲临厨房化理论为实践时，他功夫的细腻和精到之处，也往往令人倾倒。

谈到"吃"，大千先生的精神就来了。他会告诉你，缩得干干的皱巴巴的鲍鱼是上好材料，因为那是在活的时候抓到的，所以它感到痛，皱成一团；一般人认为好的漂漂亮亮、肥肥厚厚的鲍鱼是早就死了的，味道反而差劲。

他还会告诉你，明末清初的名士冒辟疆从北方找来一位厨娘，来时坐三人大轿，跟随仆从婢女十余人，来势不凡。

她问冒辟疆："你要做上席还是中席？"冒问："敢问何为上席？何为中席？"厨娘答："上席需羊三百只，中席需羊两百只。"冒惊问其故，什么席要用上那么多只羊？

厨娘说："珍馐美味，就要用羊嘴上那点羊馐，调汤炖菜都要用它取其味。"冒想，用一百只羊的话丢不起人哪，只好说，就用中席好了。

这就是大千先生饮食的哲学，要"吃"就不要怕贵，要用好材料，当真是"吃"无止境了。

一次用晚膳时，不知谁起的话题，谈到牛肉面。有人说台北以桃源街的牛肉面最有名，又有人说桃源街的牛肉面味精多，半冷不热的，够不上标准；另一派则主张以前师范大学旁边龙泉街的牛肉面最棒，可惜早就拆了。

大千先生不禁好奇地问道："那么究竟台湾哪里的牛肉面数第一？"众人默然，似乎谁也想不出哪儿有真正绝顶美味的牛肉面。

大千先生沉吟半晌，郑重宣布："明晚我亲手做两种牛肉面给大家尝尝，一种清炖，一种红烧，就请在座的几位，余人不请。"立时举座欢跃，大家迫不及待地等着第二天傍晚来临。就是平日再忙碌的人也准备摒挡参加，能吃到大千居士亲手烧的牛肉面，这机会多么难逢！

第二天下午才五点多，摩耶精舍已是高朋满座，除了前一天的客人郭小庄父女、香港亦儒亦商的徐伯郊先生与夫人、《联合报》的羊汝德先生外，又多了闻风而至的台北历史博物馆的秦景卿主任、曾红遍大江南北的京剧前辈章遏云女士等，外加摩耶精舍的弟子多人；大家凑在画室里听大千先生说今道古，气氛已是十分热闹，想到即将品尝到的美味，空气里更有几许期待中的兴奋。

大家看大千先生坐得很笃定，奇怪他到底要什么时候做牛肉面？其实他五小时前便已在护士小姐的搀扶下走入厨房，命人煎豆瓣酱、焖牛肉、放佐料，早把牛肉炖好了。

他做菜时，是自己指点分量，别人操作；但盐和糖则必须亲自动手，并坚持一个原则：作料绝不可像食谱上所书明的糖一匙、盐一匙什么的，那样就做不出什么好菜来。他主张加作料要用手抓，而且要抓得准，这才是真正的大师傅，然后细细地、匀匀地撒在菜上。

看大千先生做菜也是一乐。他调味就跟作画似的，太酸时就加点糖，太甜时就再加点醪抽（上好的酱油），不就跟他画画时藤黄多了就调点花青，花青多了就和点水和藤黄的道理一样？

看大千先生在厨房里指挥若定，手抓作料的时候，你会发现他有着一双并非人们所形容的艺术家那般纤长荏弱的手，因之，你也可感觉到他并不是那种情感纤细、敏感多愁类型的艺术家；相反的，他有一双粗壮结实而又透着黄黑色的手，那是一双感情丰富、果断任性、执着于尘世欢乐、做得出好菜、画

张大千与夫人在厨房合作指导做菜

得出好画的手，虽然到了八十岁，仍然十分有劲、充满生命力的一双手。

候到晚上快七点的时分，厨房传来话，请大家吃饭。上得桌来，只见四只大风堂特制的大盆已摆在桌上：两个白盆，一个盛红烧牛肉（带汁），一个盛清炖牛肉（连汤）；另外一只带花纹的青盆盛宽面，带花纹的黄盆盛细面。

此外还有一盘碧绿的芫荽和一盘红辣椒丝炒绿豆芽，以及七八个小碟遍盛盐、胡椒、糖、醋、酱油、辣油等各种佐料，以备各人口味不同之需（外边牛肉面都是加酸菜，这里是拌绿豆芽）。

还没尝，单看这漂亮的红绿颜色已叫人食指大动。红烧清炖，各取所爱，不过看趋势，年轻的似乎偏爱红烧，年纪大的普遍欣赏清炖，吃红烧的人觉得过瘾，吃清炖的人则细细品尝其鲜美。

这天，摩耶精舍饭桌上的气氛似乎和往常不大一样，平日边吃边说笑，这天大概牛肉面的味道太令人专注了吧，大家都埋头苦吃，似乎怕讲话就误时间。

平日为维持身材，一向粒米不沾的郭小庄小姐原来准备只吃一碗的，但她是北方人，从小喜欢吃面，又碰上如此令人激赏赞叹的牛肉面，可是，想添又不忍……就在她眼波才动之际，旁人立即起哄为她添了一碗，她倒也爽快地说："干脆豁出去算了！"遂连添两次，吃了个痛快。片刻工夫下来，座上不管南人、北人、年轻、年老，个个都吃尽三四碗。阖座的人频呼过瘾，大千先生也心满意足地笑了，这才是他最得意的一刻。

他问大家："味道怎么样？满意不满意啊？"

章女士的回答代表了大家的心声："好极了！味纯、肉烂，外面绝对吃不到！"

饭后大家又围着大千先生，问他牛肉面的做法。大千先生以前遇此事，常向人表示，吃到别人的好菜绝不要问人做法，因为那是他人的绝活，不会轻易传人的，问了反而显得极不礼貌。这天大概大千先生太高兴了，要不就是他把做牛肉面视为雕虫小技，他竟详细地说明了做法。他说，红烧（实则正确的名称是"黄焖"，因为不需加酱油）牛肉的方法很简单：一、先用素油煎剁碎之辣豆瓣酱；二、放两小片姜，葱节子少许；三、牛肉四斤切块落入；四、花雕酒半斤（甚或一斤，视各人喜好而定）；五、酒酿酌量；六、花椒十至二十颗；七、撒盐；八、烧大滚，再以小火炖，前后约四小时。

清炖除了不要煎豆瓣酱外，其余方法同，只是自始至终要用中火炖，同时要不断地撇油，至干净为止。

从美食聊到"四大名旦"，客人们看年迈的主人亲手做羹汤，弄了一下午，也该疲累了，于是纷纷告辞。在宾主尽欢、一切完满的情况下，主人也不再留宾，这时摩耶精舍天井中松影与月华交织，池塘里的水流涓涓，颇得"明月松间照，清泉石上流"的韵致，于是客人们带着齿颊间的芬芳，踏月而归。

# 大千居士的花卉及题诗

一九八〇年二月间,大千先生在台北历史博物馆展出近作。这次展览包含了他各种不同风格的作品,前往参观的观众,当能发现大千先生除了能为气势磅礴、一泻千里的山水巨幅外,他笔下的荷花、芙蓉、杏花、山茶怎么都那么娇媚动人,另有一番婉约的风致!尤其他的山茶,简单数笔就勾勒出那么个袅袅婷婷的姿态,而且那红艳艳的颜色简直鲜活得像带水似的。

溥心畬认为张大千的画,用粗笔则"横扫千军",用细笔则如"春蚕吐丝",这是多么知己而又绝妙的形容。其实大千先生最早开始画画就是从花卉着手的。他九岁从母姊学画,从姊姊琼枝处得益最多,他回忆起小时候有一回:"江南一位著名的吴姓画家赠给我二哥善孖先生一幅《百菊图》,大家都说画得好啊,连我母亲也称赞不已,说一百种菊花能画出一百种姿态,真真了不起,只有我姊姊表示看不起。她说,菊花虽然画得不同,叶子都像是一个模子刻出来的,毫无变化,有啥子了不得?"

姊姊琼枝的鉴赏力在当时年纪尚小的大千先生心中留下深刻而不可磨灭的印象。可惜天不假年,他这个才情眼界俱高的姊姊在辛亥年（大千先生年方十二的时候）三月出嫁，八月就因误服中药而亡。

大手先生笔底的花卉，不仅是精品、妙品，并且"画中有诗，诗中有画"，诗与画相辅相成。我常想，他若不是一代大画家，单凭他的诗作亦足以名世而不朽。

有人说，中国历代画家老爱画"梅兰菊竹"四君子，是属于一种僵化的心态。

大千先生的看法却相反，他认为这正是中国画的"精神"所在。他说，如果他画菊、梅赠人，一方面是自比于菊、梅"傲霜枝"的风骨和"孤标"的气节，另一方面也将对方拟于同等的境界。这是期许自己，也是敬重对方。他认为中国画这种讲"寄托"的精神实是最可贵的传统，也是有别于西洋画的最大特色。

所以，大千先生画花卉有两个原则：一个是要有"寄托"，也就是《楚辞》中所谓"香草美人"之意；一个是要"美"，而且要美得入画。

## 荷　花

大千先生所绘的荷花有粉荷、白荷、墨荷、泼墨各种不同的风貌，他咏荷的题画诗也是最多彩多姿的。

大千先生最佩服石涛的山水，但更心仪八大山人的花鸟。他认为八大以写字的方法画荷花，笔法由繁而简，确是写真大家。

八大的荷花着重写荷之意、传荷之神，画面予人干枯瘦老的印象，石涛的荷花则圆润饱满、生机勃勃，花蕊勾得仔细而

张大千,《荷花》, 1962 年

美丽;以一个旁观者的眼光来看,大千先生的荷花显然承袭石涛为多(虽然他自己说:八大的花鸟胜过石涛),不过大千先生仍然吸取了八大的神韵以及画荷叶、荷茎的技巧,并综合二家之长,再益以自创泼墨荷花之法,自成一家。

大千先生除了画泼墨荷花,晚近更尝试以渴笔画墨荷,另具一种枯老曲折的美(有回归八大的趋势),令人耳目一新。友人有戏称之为"新腔"者,大千先生也得意得很,自题为"徐渭(即徐文长,号天池,又号青藤,明代水墨写意花鸟画家)不能梦见也",其自负若此!

中国文学史上咏"荷花"的词不知凡几,最受大千先生青睐的是苏轼和姜白石的词。

东坡的"媚水荷花粉未干""水殿风来暗香满",以及姜白石的"冷香飞上诗句""三十六陂秋色"都为大千先生所喜爱。

"水殿风来暗香满"一句出于东坡的《洞仙歌》。据说《洞仙歌》是东坡七岁时见到一名九十岁的眉州老尼,老尼告诉他自己早年曾入宫,见蜀主孟昶和花蕊夫人夜起避暑时作此词,她只记得二句。东坡即凭儿时记忆，予以补足，写下"冰肌玉骨，自清凉无汗……"的《洞仙歌》。虽然这段逸事是否为附会之词很难说，但是文学益之以历史的"秘思"，往往更能激发想象中的神秘和美感。

"塘坳闲意思，池面好丰神"，这两句题款出于陈白阳（陈淳，字道复，号白阳山人，明中叶写意花卉大家）的作品。

大千先生是在陈白阳的一个长卷里看到这两句题款，这长卷画有十几种花卉，每种花卉题一两句，乃前所未有的创举。

"两村姊妹一般娇，同住清溪隔小桥。相约采莲期早至，来迟罚取荡兰桡。"乍看这般娇俏的七绝，不像出自一位八十老人之手。果然，这首诗是有来历的。大千先生说，那时他还年轻，以后生小子的姿态到清末大收藏家庞莱臣家里观画，忽然在墙上看见两张画，一幅画荷，一幅画兰，大约是乾隆时的诗人所作；照理说，庞家壁上从不挂清"四王"以后的作品，因此大千先生不禁打量一番：这是两幅文人画，画虽不怎么样，诗却叫人爱得很，以大千先生博闻强识之才，自然立刻把这两首诗牢记于心，以迄于今。


　　白板小桥通碧塘，无栏无槛镜中央。野香留客晚还立，三十六鸥世界凉。

　　荷花开了，银塘悄悄，新凉早，碧翅蜻蜓多少？六六水窗通，扇底微风，曾记那人同坐，纤手剥莲蓬。（金冬心作）

　　船入荷花里，船动荷叶开。先生归去后，谁坐此船来。（明陈白沙作）

金农和陈宪章两先生的诗画和为人，俱为大千先生所倾心，这三首咏荷诗，题在大千先生的荷花上，自有一股温暖多情的韵味。

大千先生自作，比较常题的则有以下几首绝句。

> 疏池种芙蕖，当轩开一萼。
> 暗香襟袖闻，凉月吹灯坐。

（这首诗是中年所作，他特别提醒说，很多人把襟袖误为襟"里"，想是因为他为了写字美观，把"袖"字写成"里"，为人误会所致。）

> 明月曾呼白玉盘，多情更照玉阑干。
> 香吹一夜西风满，水殿罗衣讶许寒。

（这是他早年咏白荷的诗，副题为"偶忆四十年前僦居故都昆明湖上诇暑长廊时作"。）

> 露湿波澄夜寂寥，冰肌祛暑未全消。
> 空明水殿泠泠月，翠袖殷勤手自摇。（中年所作）
> 不施脂粉不浓妆，水殿风微有暗香。
> 要识江妃真绝色，晚凉新浴出兰汤。（在巴西时作）

近年题后一首时，他还要在后面附上一句"八十叟犹为此绮侧语耶？"，好像想起早年的艳句还有点不好意思似的。

## 牡丹和芍药

牡丹号称"花王"，和芍药很相像，但是大千先生常画芍药而鲜画牡丹，为什么？大千先生好有一比："牡丹是花中后妃，芍药是花中侍妾。"牡丹形象庄重，芍药花俏，因此牡丹的姿态难以变化，画不好便流入千篇一律或呆板；而芍药则如戏中花旦，姿态活泼，举止轻狂，入画得很。

此外，画牡丹受到的限制多，因为人称牡丹有"九卿四相"，花托下有四小片叶子，叶子生长也是三片二片的一簇一共九片非常规则，要画得传真，得花很细的功夫；而芍药的叶子则五片六片不等，画起来可以较随意，叶子的脉络勾起来也不如牡丹那么讲究，是以大千先生说："对我们爱画写意花卉的人

张大千，《牡丹》，1973 年以前

来说，画芍药更容易适性发挥。"

不过大千先生有时仍不得不郑重其事地画比较难画的牡丹，因为相传"男女相爱悦，离别时赠之以芍药"，芍药代表爱情，也代表别离，那么逢人有喜庆时赠之就不太恰当了。

后来，大千先生干脆在自绘的芍药旁题以"永以为好，只有相随无别离"，这样一来，改变了芍药的含意；凡他所绘的芍药不仅无别离之意，反而是"南北东西，只有相随无别离"（吕本中句）。

他为芍药作的诗有：

> 新妆初试薄罗裳，对酒昌黎是楚狂。
> 惆怅一春花事了，却从纸上惜余香。

大千先生特别声明，诗中第二句来自韩愈自道的"小子昌黎是楚狂"，他笑曰，若是韩文公后人又指他无凭无据毁谤先贤，他可担待不起。

另外两首绝句是二十年前从巴西到美国一游，友人带他去看很美的黄芍药，使他想起往日在故都北平所看到更美的黄芍药，思及故园万里，乡关何处是，不禁慨然赋诗：

> 白玉阑干围鼠姑，看花曾忆故都无。
> 廿年辽海归无计，虚叹人间紫夺朱。
> 白头重作探春游，金粉金陵总是愁。
> 想到姚黄便惆怅，可怜王气黯然收。

## 水　仙

很少人晓得，大千先生早年刚在上海画坛崭露头角时，曾因画水仙成为一绝，而有"张水仙"的封号；好在他能诗能文，山水花卉无一不精，才渐渐没人再叫他"张水仙"了。大千先生戏曰，他后来有一段时间专绘荷花，如果再被人冠以"张荷花"名号，那成什么话？昂藏七尺之男子汉岂不变成了个丫头片子了。

大千先生说，绘水仙除了形态的美感，最重要的是抓住水仙那股"飘飘欲仙，亭亭独立"的气质，他为水仙作的诗作不多，但均意有所指。

> 莫信陈王赋洛神，凌波那得更生尘。
> 水清月白香吹处，留看当年解佩人。
> 照影凌波袅袅身，几曾罗袜更生尘。
> 老夫自诩才情富，却（更）比陈王写得真。

所谓"凌波那得更生尘""几曾罗袜更生尘"，都是表示大千老夫子不信《洛神赋》表达的是小叔想嫂，他认为这不过是文人的寄托罢了。

大千先生说他倒不是持礼教的观点认为曹植不该爱甄宓，而是认为无此可能：一者曹丕对曹植忌恨方殷，曹植在杀身之祸的威胁之下，哪还敢作《洛神赋》？二来甄宓比曹子建大九岁以上，后人的附会显然不合理。大千先生因此赋诗二首，表示对"小叔想嫂"的说法存疑。

## 兰花和菊花

大千先生画兰花有个原则：不画洋兰，只画中国的兰草。

"一香千艳失，数笔寸心成。"除了有"王者香"的，寥寥几笔便可写出它简洁高雅之姿的兰花，还有什么花当得上这样的题词呢？这两句题款系采陈白阳句。

提起陈白阳，大千先生还透露了一个秘密。大家都知道他的山水花卉无不师法八大、石涛，却不知在花卉，特别是写意花卉却以陈白阳为师的，而他的工笔花卉，则是从临摹陈老莲着手。

陈白阳是文征明的学生，他的诗好、字好，写意花卉虽继

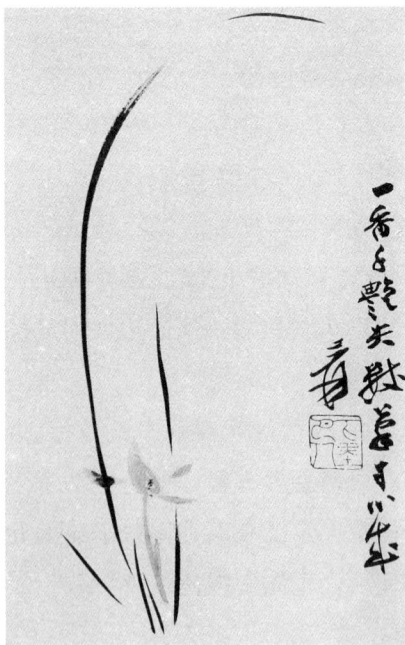

张大千，《墨兰》，1962 年

承沈周，但更要奔放潇洒。他的花卉卷，轻盈舞动，如波浪翻飞，而且能收能放，一片生意盎然。

另外，"轻风一过枝枝舞，墨雨新和朵朵香。不是画兰兰在画，湘江曾断几人肠"。这是本文前面提过，大千先生在湖州盐商、大收藏家庞虚斋家里的壁上看到的两首诗中的另一首咏兰诗。

大千先生很少单独画菊花。他或画一名高士持菊而嗅，悠然望向南方，或是悠闲地坐对菊花。前者是渊明，后者是子美的化身。高士超然物外、卓尔不群的风骨跃然纸上。

在《少陵对菊图》旁，大千先生往往题上"老杜"的绝句"每恨陶彭泽，无钱对菊花。而今九月至，自觉酒须赊"。在《渊明持菊图》旁，他则常题石涛的"采采东篱间，寒香爱盈把。人与境俱忘，此语语谁者"。

但是我也见过大千先生专画菊花的作品，而题画诗是他在美国看见菊花四季皆开，不禁感慨系之而作的：

> 南山山已暗尘埃，那得东篱择地栽。
> 花到夷荒无气骨，仰人颜色四季开。

## 海　棠

大千先生对海棠特别钟爱。宋代江西名士彭渊材曾说：人生有五恨事，一恨鲥鱼多骨，二恨金橘带酸，三恨莼菜性冷，四恨海棠无香，五恨曾子固不能作诗。但是四川昌、嘉二州所产的海棠有香，所以这两地又叫"海棠香国"。

我家香国为邻国（昌州与予故里内江接境），想到花时意便销。长恨少陵无逸兴，一生不解海棠娇。

和杜子美相反，大千先生深爱海棠之娇，他画的海棠总是灿烂而醉人的一大片花海。

另外，成都也盛产海棠。由于成都产锦缎，四周又有护城河围绕，相传，把锦缎投入河中是最美不过的景象，所以成都又叫"锦江"。大千先生有两位夫人是成都人，因此他心底自对成都有一份特殊深厚的情感，因为他在成都拥有很多美好的记忆。

锦绣裹城忆旧游，香风牵梦古嘉州。
廿年家国关忧乐，画里应嗟我白头。

大千先生说他这首咏海棠诗第一句的"裹"字用得很"怪"，实则就是用锦缎"裹"成都的这个故实。

## 杏花和芙蓉

大千先生道：画杏花和芙蓉，是为它们的美和娇艳，而不是寄托。

大千先生的一首咏杏花诗中的句子"偶然乘兴偶然来"，已成为来摩耶精舍串门子的客人口中的"名句"。

这是他住环荜庵时，偶尔散步到邻家庭院，归来遂赋诗一首：

偶然乘兴偶然来，偶爱闲行步绿苔。

此是谁家好庭院，粉墙红杏一枝开。

这和苏轼的《蝶恋花》："花褪残红青杏小，燕子飞时，绿
水人家绕……墙外行人，墙里佳人笑，笑渐不闻声渐悄，多情
却被无情恼。"同样写"杏"，同样是在人家墙外"窥视"，同样
的有浑然天成之妙；不过苏轼的这阕词是比较缠绵多情的一类，

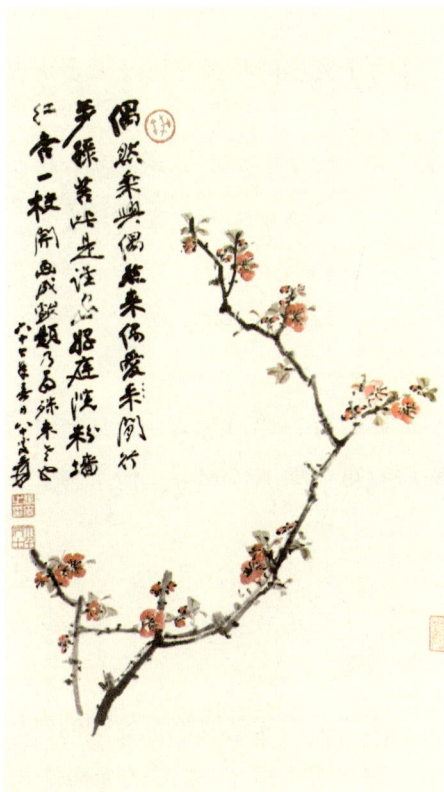

张大千，《红杏》，1978 年

而大千先生的则更趋于闲适超脱。

芙蓉亦为成都盛产，大千先生画芙蓉之法深受石涛的影响。一般说来，芙蓉非但娇艳欲滴，也有吉利的意味，蓉者"荣"也。大千先生举例说：有位画家画一只鹭鸶和一株芙蓉，题曰："一路荣华"；又有人画一只老鹰扑向一只小鸡，题曰："英（鹰）雄得志（雉）"。不过他笑道：这些都是二三流画匠的作风，不足取也。

## 梅　花

大千先生的咏梅花诗是最丰富也最感人的。

> 琼佩孤山影，林逋最有情。
> 冰壶年事尽，寒沚月痕明。
> 鹤口清如雪，苔枝玉斫英。
> 新愁绾诗句，埋梦为寻盟。

这首五言律诗是大千先生四十余岁时在敦煌所作，这首咏梅诗着重在展示林和靖"梅妻鹤子"清缈孤高的意境。

> 却笑诗翁浪费才，认桃辨杏漫相猜。
> 一生不与群芳竞，雪地冰天我独开。

这是引用苏东坡笑石曼卿的典故。石曼卿作诗："认桃无绿叶，辨杏有青枝。"东坡认为梅格与众不同，诗老竟不知梅格，认梅居然还需看绿叶与青枝。

旅美居环荜庵的那段期间，大千居士的诗作十分丰富，尤其咏梅诗更可观，这种心境就和他在环荜庵庭院里树一面大国旗，让人知道他是中国人而不是日本人一样。

争春旧例足张皇，准拟花开便举觞。

不令放翁专一树，树边只合倚红妆。

这首诗中的"争春"也有个典故。南宋词人张镃风雅得很，他在家里设了个牡丹盛会，邀集朋辈共来游赏，宾客们在片刻安静之后，忽然听得音乐响处，有几十个美女齐出，每人头上

张大千，《白梅》，《花卉册页之十二》，1979 年

插着不同的牡丹，宾客大奇，既赏人又赏牡丹；另外赏梅又是
一绝：园中每株梅花树下立一名美人，和大地争春，故时人称
之为"争春大会"。不知怎的，大千先生对这个情调着迷极了。
摩耶精舍甫落成时，他也曾跃跃欲试，不让张镠专美于前，但
是后来大概因找不到那么多美人而作罢。大千先生现正努力在
摩耶精舍内种植梅花，说不定等梅花种齐了，美人找到了，真
的来个"争春大会"也说不定。

> 独绕梅子树下行，将髭吟苦可胜情。
> 朝来恐有严霜落，月在南檐分外明。
>
> 瘦影横窗月有痕，花时正好闭柴门。
> 十年留落初成慰，拈得孤山处士魂。
>
> 缀玉苔枝乞百根，横斜看到长成村。
> 殷勤说与儿孙辈，识得梅花是国魂。
>
> 百本栽梅亦自嗟，看花堕泪倍思家。
> 眼中多少顽无耻，不认梅花是国花。

这些都是他在环荜庵所作，充分表达出一个爱国老人的心
境；尤其后两首，情溢乎辞，大似陆游晚年的诗风：满腔热情，
万千悲慨，化作"寓豪宕于平淡"的苍凉，体会老人"眼中多少
顽无耻，不认梅花是国花"的爱国深情，能不令人读诗堕泪！

# 友情的醇醪

　　画笔诗才两不镌，论君襟抱亦超然。
　　身经世变心无碍，兴托丹青老未迁。
　　越海终酬乡土恋，故交更结语言缘。
　　天将福慧钟名宿，岁月峥嵘八十年。

　　张岳公和大千先生深交数十年，这是大千先生八十岁生日岳公的赠诗，以纪念他们多年不渝的友谊。

　　岳公和大千先生虽然相差了十岁，但他们一向感情笃深，尤其到了老年，两人常常彼此开开玩笑，互相关怀对方生活起居，其真情挚谊，令人感动。

　　大千先生是标准的艺术家个性，他在饮食作息、莳花玩盆景方面，常喜欢任意而行，谁也管他不得，唯有岳公的话他才听。在艺术的领域里，大千先生是个不受拘束、唯我独尊的创造者；偏偏在生活中，他对岳公却言听计从。

　　说起来，他俩一个艺术家、一个政治家，除了都是四川人外，似乎没有什么相似之点，就像两个分属不同轨道运行的星

张大千与张群聊天，后立者为大风堂弟子孙云生

球，而他们这辈子却处得那么融洽而相知。对大千先生而言，岳公最吸引他的，是那光风霁月的襟怀。

一天，大千先生兴起，和旁人谈到收藏字画的趣事，讲到一本石涛的册页，他似乎陷入深深的回忆里，沉思了一会儿他有感而发地说："岳军先生一生从政，我对他政治上的成就倒不是最佩服，但他的为人真了不起！"

那是抗战前的事，距今有四十多年了，当时岳公拿了八张石涛册页给他看，问他的意见，大千先生说："这本是假的，真的在我这儿。"

岳公的反应是一声："哦？"

大千先生告诉他："不过你这本题款是真的，至于真画则在我这里。"

　　岳公听他这么一说，便轻描淡写地把那册页交给了他，又说："那当然是画重要了，既然这本的画是假的，就放在你这里好了。"

　　岳公竟然连问都没有问一句，大千先生当时深深为这种风度所折服。

　　大千先生说："若是我当时说画在别人处还就罢了，因为问也无从问起，我说在自己这儿，而他居然不追问原因，就把画送给了我，多么好的风度！"

　　"那么真画呢？"旁人问。

　　"是在我这里，不过岳军先生那些册页的题款是真的，全是石涛好朋友们题的字。"

　　"怎么会呢？难道石涛的朋友会看不出画的真假而贸然题字吗？"旁人感到不解。

　　"哎呀！这是当时作假画最起码的伎俩。说起来不好意思，是我老师清道人李梅庵的兄弟，我称他作三老师的李筠庵做的手脚，因为三老师造假画的本领不够，他只好把真的石涛册页的题款挖下来，贴到他描摹的假画上，而真画上面则蒙着照写一遍假题款。"

　　"啊！这样就可以卖两份钱了。"

　　"是啊，这样一来，一张是真款，一张是真画，既不容易被识破，而且两张都可以取信于人。"

　　"啊！"一旁倾听的人顿时恍然大悟。

　　"后来我把岳军先生这册页的真款剪下来，和我手里的真画合起来，总算还回大涤子画作的本来面目。"

张大千赠张群《墨荷通屏》，1959 年

"现在，这两张画呢？"

"卖了，真的假的放在一起展览，让世人做一个比较。"

大千先生说完，做了个感慨万千的表情，大概是想起与岳公的友情，感觉无限温馨；念及这清湘老人的册页，又大有不堪回首的心情。

大千先生这席话叫人想起从前他曾说过，谈起收藏，岳公的眼力不见得比别人好，但是他手头里收藏假的东西很少，因为他信任朋友的判断。

另外一位名收藏家，凡是他想买的画或已有的收藏，持之请教于人时，对方若说不是真的，他必坚持己见，甚至为此与人争执，进而怀疑别人的动机是觊觎这张画才道是假的，好待会儿自己买来，据为己有。

朋友们知道他的脾气以后，哪敢再讲真话？只好张张都说真，张张都说好，所以他的收藏真假参半，有时假的比真的还多。

对于岳公几十年来对他的照拂，大千先生总不期然地流露出感佩和敬爱。在岳公来说，也许是出之于爱才之念；但在大千先生而言，那种感受是异常深刻的，他每提起岳公为人之美、人格之高时，表情似乎整个沐浴在一片光辉里。人说："与周公瑾交，如饮醇醪。"大千先生似乎就陶醉在这种友情的醇醪之中。

# 芙蓉、莲花、藕及其他

《古诗十九首》在悲苦缠绵中，自有一股人类心声永恒的回响和质朴无华的风致。

大千先生深爱其中的一首：

> 涉江采芙蓉，兰泽多芳草。
>
> 采之欲遗谁？所思在远道。
>
> 还顾望旧乡，长路漫浩浩。
>
> 同心而离居，忧伤以终老。

别以为大千居士只爱东坡式一泻千里的气概，其实他性情中的细腻旖旎处，也非常人所能及呢！

大千居士一生爱荷，他以大泼墨的方法写荷，使荷花具有山水画的气势，在中国画史上算是空前的创举。

他特别解释指出，这首诗里所说的"芙蓉"，指的就是"荷花"，而不是一般所习知的"木芙蓉花"。他还说，《史记》里形容卓文君之美是"眉如远山，颊如芙蓉"，所谓"芙蓉"

指的也是荷花。

大千居士曾在《联合报》万象版上看到一篇介绍"荷花"的文章，对文中把"荷花"和"睡莲"并提，颇不以为然，特地搬出他常用的工具书《广群芳谱》指点给我看，并嘱我为文把荷花的各种名称"正名"一下。

这部《广群芳谱》是乾隆时的版本，接近大千先生所说好书必须"字大、纸白而轻"的条件。大千先生常说，《广群芳谱》是他画花卉时的"秘密武器"，他的题画诗，和对花卉名称、物性的了解与作画时的灵感，几乎全来自《广群芳谱》。

"很多画家把花卉画错了，闹了笑话，都是因为没有翻过《广群芳谱》，不知道有这本书啊！"大千先生叹道。对一个画家而言，工具书太重要了。《广群芳谱》不但收录中国历代所有名家歌咏各种花卉的诗词歌赋，对各种植物的物理、物情、物性也说得十分详尽。

大千先生摩挲着这套封面泛黄的珍贵的书，命我为他翻到第二十九卷《花谱》里的"荷花"那一章。

他在老花镜片后的目光一亮，指着书上的一段说明道："喏！在这里，'荷为芙蕖，一名水芙蓉，（荷）花已发为芙蕖，未发为菡萏'。"

我想起大千先生自己的题画诗："疏池种芙蕖，当轩开一萼。"还有南唐中主李璟的名句："菡萏香销翠叶残，西风愁起绿波间。"

我忽然想到，周敦颐的《爱莲说》里对"莲"的形容。

"请问您'莲花'是否即'荷花'？"

"对！"大千先生说道："荷花就是莲花，但是跟'睡莲'却毫无关系。睡莲的叶子很大，花叶都浮在水面上，夏季白天里开花，夜间沉入水底，有五种颜色；跟'亭亭净植''出淤泥而不染'（花伸出水面）的荷花是不同的哟！"

"您在贺人新婚时常画'相怜得莲，相偶得藕'的荷花赠人，是取其谐音喽？"我脑中不禁浮现出大千居士笔下没骨粉荷的画面，一片朦胧，无限浪漫，叫人怜爱。

"嗯！"大千居士抚髯而笑，并细心地为我解说道："'藕'字原来的写法是'耦'，它的意思就是成双。来，我画给你看。"

大千居士拿写字的毛笔随手勾了一个"藕"的形状，然后在藕的每一节上各画两根荷茎，上端或为荷叶，或为荷花。

张大千与摩耶精舍院落中的荷花合影

石涛，人物花卉册
之四，《设色芙蓉》

　　我这才明白："那么'藕'的意思就是藕节上生出的荷花必
定成双？"

　　"是喽！就是这个道理，可是有些画家还在藕节上画三根荷
茎哩！"

　　大千先生说到别的画家犯错时，既没有看轻的意思，也
没有讥嘲的意味；他只是一再强调绘事艰难，非多读书多钻
研不为功。让人从他身上真正体会到大家风范和什么叫作
"虚怀若谷"。

　　大千先生又道："也不怪这些寻常画家，连石涛也把'荷

花'和'芙蓉'两个东西弄不清呢!"

像石涛这样的名家也会出错吗? 我有些诧异。

大千居士谈出了兴致,忙唤人去把载有他历年收藏的《大风堂名迹》抱来。他先挑出那本清湘老人专集,然后翻到"人物花卉册"的部分。果然里头有一张是"设色芙蓉",画面雅致极了,只见石涛题的是:"临波照晚妆,犹怯胭脂湿。试问画眉人,此意何消息——石道人济。"

大千居士说:"这是石涛袭用前人的题款,但这分明是前人咏荷的词句,石涛却拿它来题木芙蓉,他没搞清楚所谓'芙蓉'指的是水芙蓉——荷花,而不是他画里头这种木芙蓉啊! 古今注说,芙蓉一名荷花,杜诗注也有:产于陆地者名木芙蓉,产于水中者名水芙蓉。"

石涛这样的大家尚不免出错,可见艺事之难。

大千先生早年也曾犯过类似的错误。我记得有一回他提起抗战前在北平,那时他才三十多岁,有一次画了一只蝉伏身在杨柳枝上,为求表现蝉的神气,他把笔头由下朝上画,变成蝉头在下,蝉身朝上的飞扬状。

观察入微的白石老人发现了这一点,便悄悄地把他叫到一边,用浓重的湖南口音对他说:"大千先生,蝉在柳树上永远是头朝上的,不然你去观察看看!"

白石老人是大千先生兄长善孖的挚友,比大千先生年长三十多岁,事实上他很可以叫一声"大千老弟"的,但他竟然客气地尊称"大千先生",而又诚恳地指出他的错误。大千先生回忆当时的情景说:"着实令我既惭愧又感激。"

张大千（右一）与齐白石（左一）合影，后排为
何海霞（右一）、于非闇（右三）

　　后来在抗战中期，大千先生和次子心智，以及画家黄君璧
一起到青城山游玩作画。那是夏季，有一天野外的蝉声聒噪得
厉害，大千先生跑出去一看，只见一棵树上密密麻麻的，满树
尽是蝉，而且只只蝉都是头朝上的，没有一只例外。他再定睛
一看，蝉因为头大身小，头自然是朝上，头如果朝下，身子就
要坠下来了，这时，白石老人的话再度浮现他心头。大千先生
说，那时他才体会到大自然造物的神奇，原来每样东西的构造
都是有道理的。

战后又是在北平，有一回徐悲鸿请他和白石老人吃饭，并请白石老人和他合作为徐夫人廖静文画一张画。当时齐白石画荷，他画虾。大千先生说，他当时不假思索地蘸饱了墨，便一节又一节地往下画，直到尽兴时才收笔，却忘了研究虾身究竟该有几节啊！

还好，这回齐老先生又一如既往，把大千先生唤到一旁告诉他："虾子只有六节哟！"

从此以后，大千先生把"格物致知"奉为圭臬，非对作画的事物有彻底的了解，绝不率尔落笔。他教学生时也告诉他们，求"真"的精神比什么都重要。

荷谈得差不多了，大千居士意犹未尽，忽又想起东坡的一首诗来，他说："荷实为莲，苏东坡最爱吃莲子，他有首和溪边雁儿抢莲子的诗，有趣得很，来，我写给你看。"

大千居士当即唤护士小姐为他换上专在写字作画时戴的眼镜，然后挑选了一支他写得较为顺手的"艺坛主盟"——特制牛耳笔（他认为好的笔要能锐齐健圆），专注地书写起来。

在柔和的灯光映照下，他一笔不苟地挥舞着手中一管竹笔，这时似乎他脸上的皱纹和寿斑都变得可爱起来。在写《坡翁食莲荮》绝句时，由于他眼力较差，有时会"意到笔不到"，自己以为笔落下去，其实笔画还没现出来呢，但是从整体看来，倒也像为求变化而留下的"飞白"似的。

看书家写字，真如行云流水，怎么落笔，怎么安排，轻重、转折、字体变化之间，无一不美，终于他写成了："剥尽蜂巢玉蛹长，海榴犹逊此甘香。老夫细嚼儿童笑，分得溪边雁鹜粮。"

中间那支"艺坛主盟"笔为 1968 年
大千先生七十大寿时，日本"喜屋"
为大千先生特制的牛耳笔

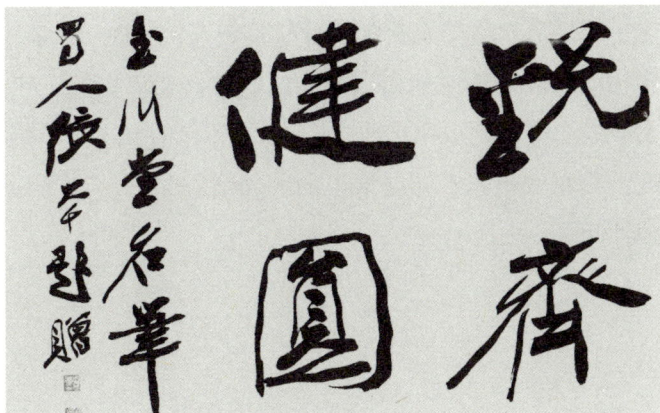

张大千为替他制笔的日本"玉川堂"店主斋藤隆，题下笔之四德："锐
齐健圆"，约 1955 年

我问："苏东坡除了爱吃荔枝外，也爱吃莲子吗？"

大千先生指着最后一句"分得溪边雁鹜粮"幽了一默："他居然和溪边的雁类抢莲子吃，想来他也和我一样的贪吃啊！"

说完，他开心地笑了。大千先生书罢，只见满纸洋溢着无限苍劲和秀雅之气，我忙请他将此幅赐赠，他慨然应允，又加书一行"为幼衡小友书之，八十二叟爰"。

这时窗外的暮色急遽地加浓，外双溪的空气到了下午，在清冽中透着微寒。忽然间有人来唤："开饭喽！"为静寂的画室带来一丝热闹和期待的气氛。

大千先生遂放下笔，唤护士小姐为他加了件背心，随即在旁人的簇拥下，迈向天井。

"冯小姐，一起来吃饭啊！"他回头亲切地向我唤道。听到大千先生周到的敦促，"来啰！"我一面应着，一面思忖：他这一辈子，享尽美衣美食，看尽美妇人，任性而又能率性而为。环绕他的朋友都说他命太好，他们常挂在口里的一句话是"老太爷的福气了不得啊！"，其实他了不得的又岂止"福气"一端呢？我忽然想起不知是谁说的一句话："怎么天下的灵秀之气，独钟此老一人之身呢！"

# 画债如山的大千居士

由于索画者太多，大千先生常有"画债如山"之叹。

求画的方式，现在的人似乎都不太讲究了。偶尔也有懂规矩的人，在备好的空白画纸上别上一张红纸条，上面恭谨地写着"敬求法绘"四个字，然后礼貌地托人捎口信说"敬送薄润若干求画"。这种旧社会中的礼数和温情，在今天的工商业社会中似乎渐渐地湮没，而为人所淡忘。

大千先生自己也感叹道："我的脸皮也越来越厚喽，别人来求画，也不必讲求什么'敬求法绘'了，只要口头上说一声，我还会自动问他，你要好大的尺寸？多宽多长？真是自己都不尊重自己喽！"大千先生轻松地调侃自己，年纪大了，他对很多事情都更加淡然。

中国画家鬻画的历史很早，最早见于文字的该是南宋的李唐。

大千先生记得李唐有首诗仿佛是"雪里烟村雨里滩，看之如易作之难。早知不入时人眼，多买胭脂画牡丹"。李唐以山水名，然而俗人要的全是牡丹，使得李唐不得不发发牢骚：早知山水又难画又不入眼，不如改画牡丹算了。大千先生以为这足以证明李唐可能卖画。

大千先生认为大概是在明清之际，画家才开始公开书明润例。唐寅的诗里有"闲来写幅青山卖，不使人间造孽钱"之句，可见他也卖画。

接着大千先生微微摇摆着头，吟出郑板桥的诗句："纸高一尺价三千，画竹多于买竹钱。任渠闲话论交接，只当秋风过耳边。"

对于郑板桥"万事不如白银为妙"，以及卖画时不准攀交情的干脆作风，大千先生很欣赏。齐白石以前常在客厅中跟求画的客人讨价还价，为了多少笔润画几只小鸡而争执不已，这最为大千先生所津津乐道，他常说白石老人的赤子之心很可爱。

说起求画的故事，大千先生摆起来可能一天一夜也没完，不过最令他折服的，就是明代画家沈周的风范了。

苏州新任知府曹凤需要人来画衙门里的墙壁，于是问手下，苏州城内谁画得最好？手下答沈周，结果他命人把沈周拘了来画墙壁。后来曹知府奉召上北京，屠太宰见到他首先问："石田先生安否？"李相国也问他："沈周先生安否？"曹知府瞠目无以对，不知沈周是谁。回苏州以后向人打听，才知道被他拘来府衙画壁画的便是大画家沈周。他马上去谢罪，沈周倒也不介意，还是很客气地接待他，这是多么厚道啊！

大千先生近年来的涵养并不比沈周逊色，对许多以前曾恶意攻击他的画坛人士，大千先生一点也不挂怀，反而不是指点人家画艺，就是赠以画作，表现了极佳的风度。

　　石涛和八大是影响大千先生最深的两位画家，大千先生以为石涛比较和光同尘，八大则愤激得很。大千说："石涛为了歌颂康熙绘了一幅《海晏河清图》，很惹人非议。不过他是为了求生存，倒也无可厚非；八大脾气就倔了，一个将军向他求画，他不肯画，一连几个月也不动笔，以后人家请了他去，他居然坐在人家桌上大解，将军以为他有神经病，只得派人送他回去。"

　　大千先生自然没有八大那么愤世嫉俗，一般来说，大千先生做人的周到是一流的。他既结交权贵，也和贩夫走卒来往；只是他仍具有爱憎分明的个性，碰到他极不喜欢的人求画，他虽不会像八大一样，来个"白眼看青天"，却也没石涛那么随和。

　　画家鬻画的故事是说不完的，大千先生最喜欢以近代画家冯超然的一件小事，来说明画家们小气到什么程度。

　　专画山水的画家冯超然，抗战以前在上海很吃香，求画的人常常是今年交钱，明年才敢问画好了没有，可见他行情之高。

　　大千先生说："冯超然当时住在上海嵩山路法租界的巡捕房附近，一次他叫了一辆黄包车，跟车夫讲好两毛钱把他载到'法兰西房里厢'，车夫一到言明的地点，就把他一放；冯超然请他转个弯，黄包车夫很不高兴，说他不拉。冯超然说我一向都是给两毛钱的，你怎么那么不讲理？后来冯超然遇到另一个画家吴湖帆，吴湖帆问他为什么生气？冯超然说：'黄包车夫岂有此理，这一眼眼嘎小气，不肯多拉。'吴湖帆答道：'也未必有我们画家那么小气吧，我们收人家的润例向来是过一寸以一尺论，你叫人家拉的地方离巡捕房还有几丈远呢！'冯超然听

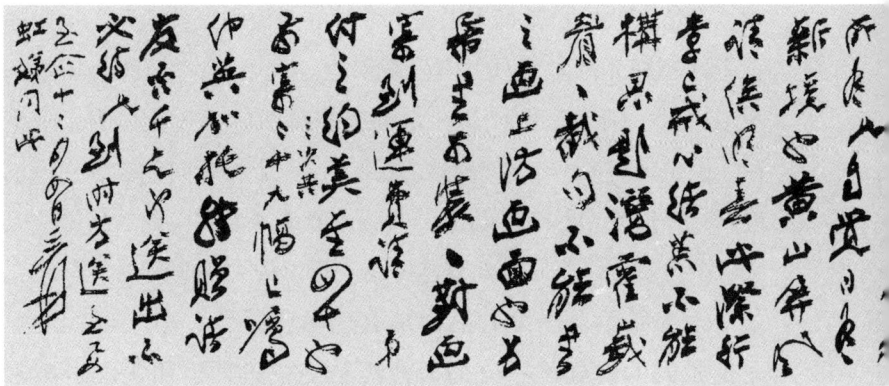

张大千，《致函盟弟张目寒》，1967 年 12 月 4 日

释文："寒弟：画展闭幕之日得弟书，得诸友之助，至为圆满，欣甚、幸甚，……前寄三次共二十九幅，已嘱仲英加托转赠诸友否？千乞即送出，不必待兄到时方送，至要！至企。十二月四日，爰。虹娣同此。"

了觉得倒也有道理，方才释然。"

　　画家虽然鬻画，但是要想得到名家笔下的水墨青山也好，胭脂牡丹也好，并不是易事。大千先生的画当然更是"一纸难求"。他不但是国际知名的国画大师，在港台两地的画市中，别的画家行情时涨时跌，只有他的画永远一枝独秀。

　　不过，大千先生偏喜欢开开自己的玩笑。一天大风堂的客人徐中齐先生，提到他自己七十大寿时，一位名画家画好了画，还裱妥了送到他家来，为他贺寿，真不好意思。大千先生听了故作惊讶状道："你还不知道吗？我的画就是裱好了送人，别人还不要哪！这就是我们做画家的难处喽，送人画，人家还嫌，说要我们画家给他起一栋房子才行，因为嫌我们的画不配他的房子。"

　　大千先生这么一说，引起满座哄然的笑声，谁不知道，他

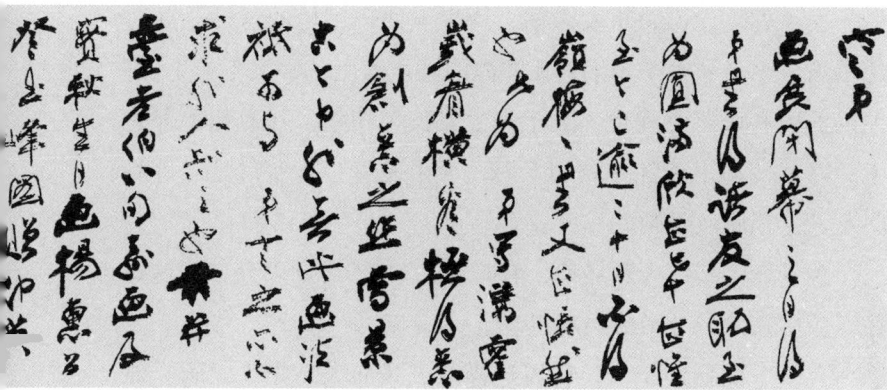

的画在爱画者的心目中是多么珍贵。

求大千先生的画对大部分的人来说，可能难于登天；对少数人而言，又幸运得不可思议。

大千先生完全是艺术家脾气，做事但求兴之所至；许多学术文化界名流求画经年，又拜托各方关系恳求，也得到大千先生自己首肯，可是常常一拖就是几年仍没有消息。可是一个水泥工或搬运工，若是帮他把石头搬得令他称心，把池子砌得叫他得意，他马上奉他们为上宾，请他们喝茶吃点心，并且很快就会提笔赠画，菊坛名伶也比一般人容易得到他的画。

一位名画家求画多年没有消息，一次他带了一位日本朋友来看望大千先生，这位日本朋友拿了一本画册和大千先生讨论内容，后来不揣冒昧恳请大千先生为他题几个字以为纪念；大千先生正谈在兴头上，忽然兴致一来说："干吗题字，画一张送你好了。"日本人大喜过望，大呼幸运，然而陪他来的那位名画家却徒呼负负。

　　大千先生念旧，重视亲情，许多人便运用他的这种心理向他求画。一名和大千先生素无渊源的画坛人士，和大千先生说，他以前曾和张善孖先生（大千先生兄长）相熟，并曾和善孖先生一路从四川出长江三峡到上海，大千先生一听是自己二哥的朋友，立刻慨然赠画。

　　大千先生禀性天真热情，有时候，"君子可欺以其方"这句话，应用在他身上最恰当不过。

　　有一个画坛经纪人，曾以这样的方式向大千先生索画。他说，他要几张大画，是要买来送给阿拉伯人的。大千先生一听就说，既然是做国民外交，那就分文不取好了。结果大千先生在绘那几张巨构时，投注了额外的心血和时间，绘成后，那人还是坚持要送一点笔润。可是不久以后，那几张大画却公然在香港出现，并在当地被人当成抢手货，以极高的价钱出售。

　　另一名美籍人士，前些时曾由长江三峡入川，来台湾时携来一包"成都平原的泥土"给大千先生，大千先生一捧到故乡的泥土，立刻为之大恸，眼泪蓄满两眶，并把这抔泥土恭谨地供在先人灵位之前。

　　这个美国人后来不止一次地得到了大千先生的赠画，他也许并不是有意摸清楚了大千先生的心理而来，但是在感情方面，尤其是乡土故国之思，正是大千先生最脆弱的一环，因此只要朝此方向进攻，大千先生是有求必应的。

　　虽然向大千先生求画的方式各尽其妙，但是大千先生毕竟是个职业画家，他还是有他鬻画的规矩的。尤其他曾受教于清道人和曾熙两位先生，这两位名家都有鬻画的润例，而且润例本身就是一篇漂亮的文章。

　　大千先生画室的案头上一直放着一张泛黄的金笺纸，上面以娟秀工整的字迹缮写着"张大千鬻画值例"。那是大千居士，1970 年在巴西时为自己订下的润例，由现在旅居香港的女学生冯璧池为他抄写。

　　上面一开头写着："投荒居夷忽焉七十有二，筋力日衰，目翳日甚，老去丹青，渐渐拂拭，索者坌积，酬应为艰，不有定值，宁无菀枯，爰书此例，亮不见嗤于痂癖也。……蜀人张爰大千父订于八德园。"

　　因为当时他在国外，因此是以美金做标准。


　　**画例**
　　**花卉**


堂幅　每方尺一百五十元

屏条　每方尺二百元

横幅　每方尺一百五十元，窄至一尺以内同卷值

册页　每方尺六百元

卷子　每方尺四百元


　　**山水人物**


堂幅　每方尺二百元

屏条　每方尺三百元

**横幅** 每方尺二百元

**册页** 每方尺八百元

**卷子** 每方尺八百元

　　花卉、人物、山水皆粗笔写意，点景加倍，金笺加倍，迭扇不应，工细不应，劣纸不应，劣绢不应，尺度过一寸作一尺论，定值以美金计，磨墨费加二成，润金先惠，约期取件，至速在六个月后，立索不应，作图及破墨，其值面议。

　　大千居士的画是有名的难求，"画例"上虽写的是润金先惠，过半年取件；但是事实上递上润金以后心甘情愿的等上一两年的大有人在。因为要等大千先生首肯，就已经不大容易，他的画债太多，先欠先还；如此积压下来，又要等上一段时间，再加上大千居士画画全凭兴致；要是他一直不想动笔，谁也没奈他何，所以得画的快慢也只有各凭运气了。

　　"画例"后面是"书例"以及"书画鉴定"两项。

　　**书例**

　　真行同值，隶分倍于真行，篆书倍于隶分

**屏条** 每方尺六十元

**横幅** 每方尺五十元，窄至一尺以内同卷值

**楹联** 三尺一百二十元，四尺一百六十元，五尺二百元

　　　　六尺二百四十元，七尺二百八十元，八尺三百二十元

　　　　一丈三百六十元，丈二四百元

**册页**　每方尺一百元

**卷子**　每方尺一百元

**画眉题签**　每件一百元

叠扇不应、名刺不应、市招不应、劣纸不应、来文不书、金笺加倍、堂匾面议、碑铭墓志面议。

### 书画鉴定

**口头鉴定**　每件一百元

**题跋与盖章**　每件五百元，其跋语不超过一百字，赝品不题

蜀人张爰大千定

大千先生受盛名之累，虽远在国外，求画的人仍络绎不绝，那时他正苦于眼疾，干脆订下润例，以节省精力。

这个画例订了已有十多年了，难怪上面的定价和现在大千居士画的行情不能相比，居士的画也要跟得上通货膨胀的水平啊！

每个画家的"值例"大概都可以反映出他的个性和好恶，大千先生不喜做俗事，所以有一大堆的"不应"，不过有时候大千先生也会"意志不坚"。比如说他不喜为人写市招，但是在强烈的人情攻势下，他偶尔也会破例一下；此外，我见他为别人收藏的书画题过好几次跋语，跋语又长，字又写得费力，可是却分文不取，因为是别人请托的嘛。可见在大千先生心目中，"情"字比"钱"字的分量重多了。他心中充满了友情、交情和

人情，所谓"润例"上面的规定也只是规定而已。

　　齐白石老先生在这方面比起大千先生来就显得严谨了。大千居士曾提起白石老人，曩昔在北京的会客室里贴满了各式的条子，上面包括了鬻画的规矩，还有各种有趣的标语：像"来客谈话不得超过十分钟""来客请勿赠送诗文字画，彼此无益"等。白石老人怕来客要以诗文交换他的画，彼此夹缠不清，所以干脆讲清楚；而且据大千先生说，老人的规矩是五个银圆只画一只小鸡，若送他十三个银圆做润笔的话，他就只肯画两只半小鸡；另半只小鸡藏身于树丛后，只露出一半身子来！

　　说来中国画家都是极可爱的。他们既要以卖诗文字画维生，又要在"鬻画"这项买卖行为中，保有自己的人格和风骨；这就是为什么郑板桥一方面爱钱爱到"送银钱则心中喜乐，书画皆佳"，可是碰到他心中十分厌恶的俗人，管他是什么富商大贾，润笔送得再多，他就是不画。齐白石平日视钱如命，但在抗日战争时，他身处沦陷区，绝不和日人来往，最后甚至停止卖画，宁可挨饿，也不取媚日人和汉奸。大千先生家用庞大，食指浩繁，全都仰赖他鬻画来维持生计，但是当有人央他作画，告诉他是赠送给友邦之用时（福田赳夫、全斗焕都得过他的画），他一定坚拒酬劳，因为他说这是促进邦交，尽一个国民的本分。"有所为""有所不为"，大概是中国传统画家都具有的美德吧。

# 丹青、琴韵、故人情

——傅聪于摩耶精舍见张大千

　　一星期前的音乐会上，傅聪穿着一袭黑色的礼服，专注而忘情地坐在钢琴前演奏，从我座位的这个角度看过去，可以从钢琴撑起的那块黑亮的板子上，看到映在上面的十只飞跃的手指。

　　重重的帷幕独独在他右后方露出透亮的一角来，使得一块空旷高敞的格子形的落地长窗，成为他演奏的背景。这一幕景象像极了唱片套上他在伦敦家居的落地窗前练琴的一张照片，恍惚间我仿佛觉得，高大的气窗外有着一片幽暗的远山，黑夜中的湖水在他的窗外波光粼粼，而他的琴音幻化为万重涟漪，不断荡漾、扩散……在短短的三小时内，那晚的听众，完全沉浸在傅聪替他们制造的一个极美的梦境里，不愿梦醒。

　　第二天，大千居士问我："昨晚的演奏会怎么样？"

　　我沉思了一会儿，想着怎样用最简单的话表达出自己心里的意思，只能说"全场风靡"。其实心里头想的是："他的艺术和您的艺术一样，都是颠倒众生的啊！"

　　傅聪一来台湾就说要拜见大千居士，大概是演奏和练琴太忙了，一直未能如愿。而那天早上通过一次电话以后，他说来就来了。

台下的他与台上相当不同。这天他穿着深紫色的衬衫，浅紫色的裤子——一个不太为一般男士所选择的颜色，这也看得出艺术家个人特殊的品位。台下的傅聪显得比台上瘦削，但是面孔丰润的样子则是一样的。

或许是遇见长辈的关系吧，他一径和气而温文地笑着，一派斯文完全是中国书生的味道，丝毫看不出曾经拒记者于千里之外的那股执拗劲儿。

大千居士和他的父亲傅雷是旧识，和他的义父王济远先生更是老友；济远先生一生献身艺术教育，是从小看着傅聪长大的。现在这两位傅聪最亲爱的长辈都已故去，前尘往事，中间还包含着一段民族的浩劫、个人的悲剧。这些事对当事人而言，也许是永远抹不去的一页创痛，更哪堪再提。

提起故人，两位艺术家稍微沉默了一会儿。还是大千先生说："以前我画画给你，上面题字都写的是'付与聪聪贤侄'，现在你都这么大了，我可不好意思再这么称呼你啦。"化解了双方多年不见的生疏。

一老一少不拘形迹地谈着改良京剧、敦煌艺术、古画鉴赏，大部分时间是乡音不改的大千居士以浓重的川腔在"摆龙门阵"，而傅聪则满怀兴味地静静聆听，果然是台上"以琴代言"，台下"不喜多言"。

两位艺术家在话题陷入沉寂的时候，偶尔交换一个对望的眼神，傅聪盛满笑意的目光里投射出的是折服和心仪，而大千

张大千与傅聪在摩耶精舍客厅聊得很开心

先生和颜悦色地望着他的时候，又饱含了多少爱怜和疼惜！

也许是因为前一天晚上看了电视上播出《王魁负桂英》，大千居士的话题点到了川剧的精彩处："呵呵，川剧有些片段真是好。"傅聪听了做会心的微笑，艺术家的心灵本是相通的，傅聪何尝不是解人？原来他也看过川剧，他说川剧挺幽默，尤其里面的"帮腔"很有意思。

大千居士不赞成一些改良京剧，把京剧变成话剧一样，使京剧中原有的一些抽象的美感丢失了。

大千先生说，他在一些改良平（京）剧里看到有门、有假山，有用拙劣的色彩在木板上涂了五彩云，然后在台上晃动不已，表示是云在移动。他说："除了《人面桃花》这出戏，我赞成有门，因为崔护要在上面题诗，其他的戏我全不赞成有门。

舞台上一有了门，我们原可以看到演员表演细腻的叩门、开门、关门的动作，这一下都看不到了，这岂不是观众莫大的损失吗？假的五彩云在舞台上根本剥夺了我们的美感。"

傅聪对这点大起共鸣，他不大发言，一发言却语惊四座，他说："平（京）剧是要观众发挥想象力的一种艺术。它是把每个观众都当成艺术家，让观众自己运用自己的想象去再创造。"

原来傅聪也是"大千迷"。他提到四年前看过一本大千先生的画册，"风格和以前完全不同，新得很，我非常喜欢"！大千先生听了微笑不语，其实心里是高兴的。过了好一会儿才道："中国绘画都是每一个朝代最新的东西才流传下来，旧的早被淘汰了。"大千先生年逾八十，可是他的目光永远往前看。他的创新往往石破天惊，那份魄力连年轻人都比不上呢！

傅聪问大千先生："我有一套徐渭的册页，本来想拿给您看，可惜这次没带在身边。"大千先生早年浸淫于徐文长的花卉很长一段时间，对看这位明代画家的东西有十足的把握。他以爱护小辈的口气对傅聪说："徐文长假的东西太多，先要看真假，才能断好坏。有时候假的东西比真的还好！"

这个理论很新奇，傅聪听了眼睛为之一亮。

大千先生解释说："比如说金冬心（农）的东西吧，他两个学生的代笔之作，全比他自己画得好。画得最坏的才是金冬心自己所作；可是话说回来，这个最坏也就是最好，因为这个拙稚的趣味是别人学不来的。他的学生画得再好，总摆脱不了职业画家的习气。"

傅聪领略地点点头，对于这句"最坏的也就是最好的"，觉得很有意思。随后，大千先生稍作休息，傅聪在友人的陪伴下到画室去参观大千先生的近作《庐山图》。这幅巨型青绿泼墨山水已完成百分之七八十，是大千居士为友人在横滨开设的"假期旅馆"而绘的。《庐山图》不似他早些年所制《长江万里图》那么惊心动魄、气势万钧，但却表现出一派苍茫秀逸、满纸烟云的中国南方山水面目。

望着这幅几乎占了整个画室大半、逶迤在三十六尺长大画桌上的山水巨构，傅聪仔细地从这头走到那头，把每一段的山水秀色都饱览眼底："这张画是用绢绘制的哟！"一派行家的口吻。

傅聪静静地在大画室中悬挂的每幅书画下驻足流连。善孖伏虎区，曾熙书写的四条幅，大千先生在八德园绘的老松，清道人绘的《罗汉图》……四壁的宝物静静地散发出馨郁的艺术光华，一一向傅聪展示它们的魅力。傅聪用他惯有的细腻和感性，体会这物我交融的一刻，欣赏咀嚼主人家中的每一物事。来此参观的许多人，不是每一个都能像他一样对主人的艺事有这样的了解和尊重，他的举止自然地焕发出深潜于中国文化中的修养。

当一行人到室外参观摩耶精舍的庭园时，暖暖的风吹在大家脸上，傅聪开心地笑了。

旁人为他介绍：这里面的一草一木全是大千居士自己设计的，还有那块刻有"梅丘"的大石，是从美国环荜庵搬来的。"梅丘"两个字是美国工匠刻的，但是非常传神，把大千先生的笔意完全描摹出来了。傅聪露出欣羡的表情。

这时，摩耶精舍的梅花季已过，荷花季未至，但是在初夏阳光的照耀下，花木全现出"万物欣欣亦有托"的神情。傅聪在影娥池前、梧桐树下、双连亭旁再三徘徊，暮地他看到远处有两只美丽的白色动物悠游地在漫步。"那是什么？"他问。旁人答："大千先生养的丹顶鹤啊！"傅聪笑了，也显然感到困惑了：摩耶精舍的主人是以怎样的生命力为自己创造出这样一块布满中国人情趣的梦土啊！

好客的主人早已吩咐厨房把中饭预备好。客人是临时而来，令主人深感遗憾，不能以大风堂的招牌菜待客。

菜一道道陆续上来，有牛头、炖肉、松鼠黄鱼、麻婆豆腐、玉兰片、炒青菜、苤蓝炒肉丝和连锅子汤。傅聪指着当中一道菜问大千先生："这是东坡肉吧？"大千先生微笑称许。傅聪说："要挑肥的才好吃。"说罢就拣了一块烧成红褐色透明的五花肉送入口中。大千先生看了掀髯而笑，掩不住心底的高兴，这回真是遇到知音了。他一向主张吃大肉要越肥越好的。想不到眼前这斯文白净的后生，吃起东西来跟他一样痛快。

席间，张夫人频频劝菜，要傅聪多吃点麻婆豆腐。然后问他："你不怕吃辣吧？"傅聪说："我最爱吃四川菜，伦敦有家四川饭店，开业的第一天我就赶了去吃。侍者送来菜单，我打开一看，第一道菜就是大千鸡啊！"

大千先生听了又是欣慰又是担心，问傅聪："那儿的大千鸡味道恐怕不行吧？"傅聪答："很好！那家馆子就只有这道菜最好！"众人听了都笑了起来。

大千先生又要傅聪尝尝玉兰片。他说："台湾的笋子好极了，味道比上海的还好，不信你尝尝。"玉兰片是大风堂名菜，把笋子片得像纸一样薄，然后用虾米烧得雪白雪白的。傅聪吃了大赞滑嫩可口。

午餐在一片欢乐的气氛中结束，饭后又叙了一会儿，陪同傅聪来的人提示他该告辞了。这时被挡驾在外面鹄候了几个小时的记者们蜂拥而上，争着要为这两位艺术家留下历史性的镜头。

阳光在傅聪脸上投下一道阴影，从他脸上看不出他是否仍存着对记者排拒的心理，只见他欣然搀扶着大千先生接受拍照。一个是在国际乐坛占一席之地的中国当代音乐家，一个是中国绘画史上千古难逢的天才大画师。两个人都是中国文化涵育下的瑰宝，当他们相遇的这一刹那，当真使外双溪因而人杰地灵。两人的慧心和隽语，在时空的坐标下，留下了永恒不灭的痕迹。

临行前，大千先生犹不忘殷殷叮嘱傅聪："这次太匆忙了，没能好好招待你，下次来多住几天啊！让你好好吃几道大风堂的菜。"

老人今年八十四岁了，讲这些话是极其慎重而又带着无限盼望心情的。两人上次见面，是十几年前在美国，多年前傅聪曾远赴巴西八德园，却没见着老人。一个旅居西方的音乐家，一个置身祖国的老画家，在二十世纪时空的拨弄下，彼此有着"见时难"的感慨。

几声鸟鸣从清新的空气中传来，外双溪水仍在摩耶精舍外奔流，恰似傅聪指尖急流而过的琴声琤琤，是诉说着一曲肖邦的"美丽与哀愁"？还是莫扎特回旋曲中"离恨恰如春草，更行更远还生"的深情无奈？傅聪颀长的身影，缓缓地步出摩耶精舍。

# 素心相约佩芳兰
## ——大千居士谈对联艺术

刚从荣民总医院出院的大千居士，脸上却了无病容，红润的面庞上竟透着类似婴孩的气息。他开心地和来客们在摩耶精舍的书房内畅谈，依旧笑语春风，谈起令人叫绝的对子，牵出一段往日浪漫情怀，似乎有不胜依依之情。住在荣总的这段日子里，会客和活动都受到限制，把爱热闹的大千先生闷慌了。现在看见这么多好友围着他，他又露出如鱼得水的欢喜表情。每当他"开讲"的时候，便能在周围酝酿出一种气氛，让人忘了一切杂念，而逐渐地跟随他进入谈话的核心。

"我真是越老越不行喽！昨天题字的时候，连惭愧的'惭'字笔画都忘了怎么写……"他的朋友都惯于微笑着倾听他这类对自己轻微的抱怨。年纪大的人，常常惊觉自己的眼力差了，腕力不行了，脑筋退化了；可是大家也不特别替他担心，因为他仍有惊人的记忆力，前人所作的好诗妙文，自己几十年前的诗作，他常能一字不漏地背出。就是青年恐怕也望尘莫及吧。

"我在荣总忽然想起以前人作的一些好对子，真是妙不可言，再不跟你讲，以后就记不得了！"他急着一吐为快。

"光绪年间四川有个主考官苏州人吴省钦，连任两任主考，他的右眼有毛病，而且喜欢在暗中收人红包，于是有人就为他作了副对子：

少目不识文字，
欠金休问功名。

横批是'到口就吞'。'少目'合起来是'省'，'欠金'合起来是'钦'；'到口就吞'，把'吞'字倒过来不就是个"吴"字？这个对得巧吧！"

众人一阵哄笑，大千先生达到博人一粲的目的，自己也乐了。

接着，他又想起一副挖苦人的对子。

"同治时候，有个专向皇帝讨好，背地里却卖官鬻爵、无所不为的柯逢时，有人作了一副对子送他：

逢君之恶，罪不容于死；
时日曷丧，予及汝偕亡！

真是对他痛恨极了！横批尤其作得精彩：执'柯'伐'柯'。"

专制时代，人民的怨气没有管道可出，讽刺文学却可以替人出口气！

作对子是中国优美而独特的文学传统，据说林语堂翻译《红楼梦》一直未竟全功，便是因为里面有太多联语和诗对翻不出来，像"假作真时真亦假，无为有处有还无""绿蓑江上秋闻笛，红袖楼头夜倚栏""重帘不卷留香久，古砚微凹聚墨多""寒塘渡鹤影，冷月葬诗魂"，无论是怎样的翻译高手，遇到这样的对子，恐怕也无法在字义美和字面美上都兼顾吧。

大千先生认为作对子是门高深的学问，必须语出自然，如果咬文嚼字，字字必求有出处，但有拼凑的痕迹，便不值一顾。

他谦虚地说，因为自己不曾在"作对子"上下过功夫，所以不敢轻易尝试。不过每次看到绝妙好对，定能熟记心头；而且他的两位老师曾农髯、李瑞清对他的训示也不敢或忘。他的两位老师告诉他："作对子不仅要在辞藻上下功夫，还要在意趣、性情上着力才是！"

大千居士对曾国藩、左宗棠、彭玉麟作对子的功夫最是佩服。因为有气象。他思索片刻，摇摇头背出一副左宗棠的对子：

> 妒我安知非赏识，
> 欺人绝不是英雄。

不等众人叫好，他意犹未尽，稍一沉吟，又不疾不徐、极有顿挫地把彭玉麟的一联念出：

> 我本楚狂人，五岳寻山不辞远。
> 地犹邹氏邑，万方多难此登临。

"气魄大吧？"他赞叹道。大千先生喜欢左宗棠、彭玉麟的对子，大约也是有感而发。天下的才人，大抵都有身在最高处的寂寞感，也许他就是珍惜这点英雄相惜的感觉。

李鸿章的母亲八十大寿时，门客想作对子庆贺，但对于李太夫人的娘家也姓李一事，难以下笔。因为当时"同姓不婚"的观念牢不可破，"李母李太夫人"不知该怎么称呼才好？结果李鸿章自己作了一副对联：

> 八座太夫人，李门李氏。
> 一堂双宰相，难弟难兄。

李鸿章之兄李瀚章任直隶总督，虽未入阁，亦被称为"使相"。

李鸿章之父因两儿都做了大官，也作了一副口气极大，但并不狂妄的白话对联，好处是用词自然，却不失工整：

> 粗茶淡饭布衣裳，这点福让老夫消受。
> 齐家治国平天下，那些事有儿辈承当。

谈到作对子，自然不可不提大千居士的忘年之交——"联圣"方地山（扬州人，名尔谦，字地山，笔名大方）。方氏为人名士作风，兼有旧式文人的习气，娶了七个姨太太，个个抽大烟，最后穷得连自己的图章都卖了。

有人问方氏："你自己不抽大烟吗？"他答："如果连我也抽上了，谁来替她们运粮啊？"说得无限凄凉。他困窘的时候，穷得连写字桌子也没有，就坐在床上，由姨太太为他牵纸而书。他为人写联，全是即兴而作，不起草，但是浑然天成；语意极

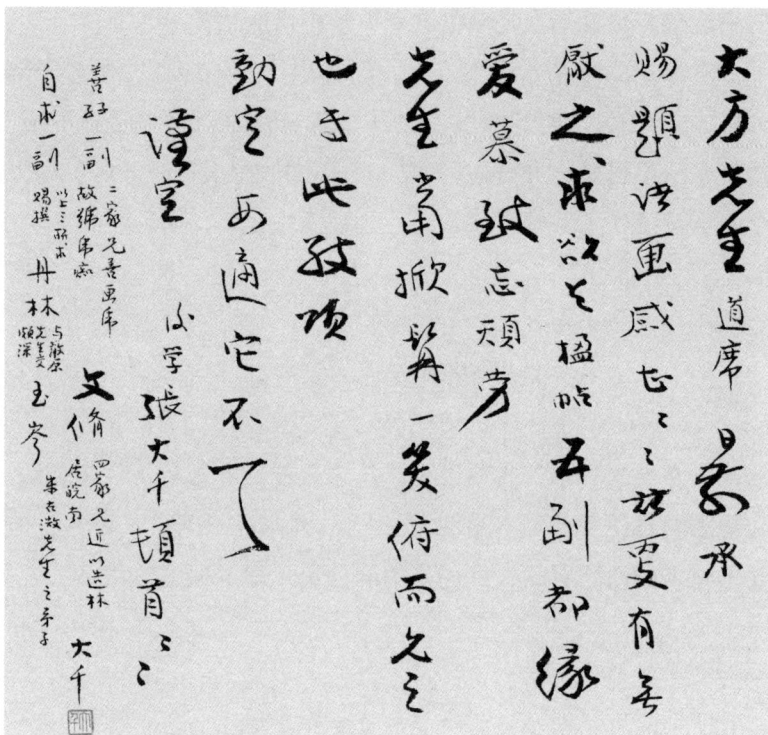

张大千，《致方尔谦先生信札》，1926 年左右

释文："大方先生道席：日前承赐题诸画，感甚！感甚！兹更有无厌之求，欲乞楹帖五副都缘爱慕，致忘烦劳先生，当掀髯一笑，俯而允之也。专此致颂动定安适它不了。谨呈。　　后学张大千顿首、顿首。善孖一副（二家兄善画虎，故号虎痴），文修（四家兄近以造林居皖南），自求一副（以上三联求赐撰），丹林（与散原先生交颇深），玉岑（朱古微先生之弟子）。大千。"

工，往往能将所用之典自然融入，却不留斧凿之痕。他的联对功夫，就算不是空前，也属绝后，可惜他从不留稿。现在除大千先生记忆中所得的几副外，都失传了。

他为风尘中人所作的对子尤其令人叫绝。

　　扬州的烟花女子，名字往往取得极不雅，但是一经"联圣"咏来，立即化腐朽为神奇。

　　他为一个叫"马掌"的姑娘作：

> 马上琵琶千古恨，
> 掌中歌舞一身轻。

　　上联用的是王昭君的典故，下联用的是赵飞燕的故事；一个粗俗的名字，在两位汉朝美女的烘托下，立刻美丽无比。

　　他又为一个叫"大姑"的姑娘作：

> 大抵浮生若梦，
> 姑从此处销魂。

　　他又为一个叫"如意"的姑娘作：

> 都道我不如归去，
> 试问卿于意云何？

　　方地山是袁世凯请来的西席，教袁的儿子袁克文（寒云）及其诸弟作诗文，袁对方不薄；但是方地山的文人习气太重，袁世凯给他的束脩常常不够他挥霍。青楼女子只要编些要赎身从良的故事哄他，他就几百几百地送人，最后罗掘俱穷。不过他对袁东家的知遇之恩，仍然是十分感激的，他作有：

> 食有鱼，出有车，公似孟尝能客我；
> 裘未敝，金未尽，今年季子不还家。

前联援用孟尝君养食客冯骥的典故，以示袁世凯待他之厚；后联则托苏秦发迹以后多金而不思归家，来表达自己的豪情。

大千先生深深了解方的个性，因此常赠他没有上款的画好让他卖钱。大千居士记得，三十六岁那年去韩国，临行前，朋友们在天津紫竹林为他饯行，方地山又当场表演了"联圣"的功夫。两人的朋友要求方地山为"大千"的名字作联，他即席咏出：

> 世界山河两大，
> 平原道路几千？

典丽而工整地把大千两字嵌在最末。另外一联更精彩传神：

> 八大到今真不死，
> 半千而后又何人？

以八大和龚贤（字半千，别号柴丈人，清初"金陵八家"之领袖）两位名家，为大千先生的艺事做脚注。当时大千先生年事还轻，但在书画的表现上已经光芒四射。方地山慧眼识人，看出这位小老弟今后能承八大之风，凌越半千之上。

　　方地山作联不但表现了他才气纵横的一面，也能贴切对方的身份。大千先生的一位朋友名唤"佩卿"，在政府机关担任科长，要求"联圣"赐一联，方地山为他作了：

　　　　君子和声鸣玉佩，
　　　　丈夫唾手取公卿。

　　上联用大臣上朝的意象，而以含有美德、吉祥含意的玉佩表现出动感；下联表现出意气风发的气度，"佩卿"二字嵌在联尾。通联雍容大度，又切合求联者的心意。

　　谈到方地山，大千居士不免想起当年一段甜蜜的往事。那时大千先生住在故都，喜欢一位唱大鼓的姑娘，名梦兰，又字宛君，后来在于非闇等朋友的撮合下，促成了他们的姻缘。宛

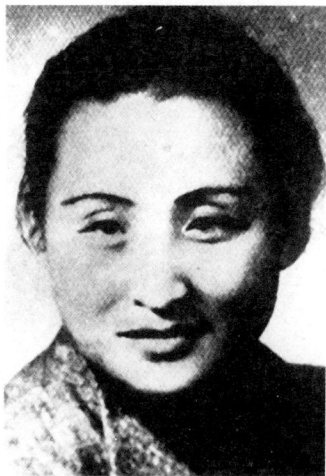

二夫人黄凝素女士

三夫人杨宛君 1948 年摄于成都

君有北国儿女的豪气，时作男儿装束，大千先生最喜欢携她游
山玩水，两人婚后曾经度过了一段神仙伴侣的生活。

　　据说，当大千先生和宛君成婚，二夫人凝素还具名拟了一
份柬帖。上面写她生育太多，照顾子女不及，因此难免对夫君
的笔墨生涯伺候不周。现在梦兰和她情同姊妹，希望梦兰代她
伺候大千先生。凝素夫人这么做，简直有《浮生六记》中芸娘
的风范，遂成为北平城的一段佳话。

　　于是"联圣"大方又作了一联：

　　　　凝视自宜同好梦，
　　　　素心相约佩芳兰。

　　这联语把凝素、梦兰两个人的名字嵌在一头一尾，已够工巧，而前联语出《诗经·国风·鸡鸣》篇的"甘与子同梦"，道出"我心向明月"的一片真情挚意；而后联有《楚辞》之风，以"素心"和"芳兰"托喻高洁的情操。可惜这一段情未能全终始，成为"只是当时已惘然"的陈迹了！

　　大千先生自己虽不作联语，但每次开画展时，他的"书法"仍是广受瞩目的一部分，而他的书法作品几乎全都是书写对联之作。这些对联写景也写情，或豪情无限，或清雅超尘，或平淡有味，或勉人修身。他历年来所书的对联，常见的有以下多副：

> 樵客出来山带雨，
> 渔舟过去水生风。
> 　　　　——前人集唐诗

> 佳士姓名常挂口，
> 平生温饱不关心。
> 　　　　——李拔可先生赠大千先生之作

> 拳石画临黄子久，
> 胆瓶花插紫丁香。
> 　　　　——此联为大千先生幼时见家中所悬，原
> 　　　　　　文为"拳石'闲'临黄子久（公望），
> 　　　　　　胆瓶'斜'插紫丁香"；经大千先生更

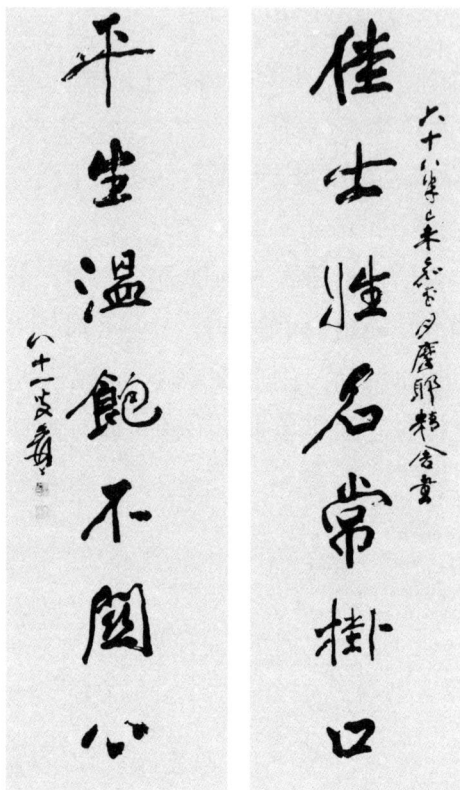

张大千,《七言联》,
1979 年

一字后，更见精神，也更见工整

庭前大树老于我，

天外斜阳红上楼。

　　　——集宋人诗句，原作张挂于苏州网师园

立脚莫从流俗走，

置身宜与古人争。

　　大千先生二十六岁时，曾将何子贞藏魏碑《张黑女志》海内孤本，予以集联成册，这是其中一幅。

　　学业日惟不足，
　　精神养则有余。
　　　　　　——曾农髯先生赐大千先生句

　　种万树梅亭上下，
　　坐千峰雨翠回环。
　　　　　　——大千先生在青城山造亭，名士刘禺生
　　　　　　　　先生见而赋此诗

# 艺术家与上帝

照大千居士的说法，抽象画理论的始祖是老子。

老子不是说过"无象之象"和"大象无形"吗？

抽象画突破了经验世界的限制，带我们进入一个深微诡秘的存在，直指灵的核心。大千先生以《道德经》中两句简约的话来诠释抽象画，内中有深意，就是在一切艺术的表象之内，还有一个无所不在的"道"存焉。

住在巴黎的抽象派画家赵无极，前些时来摩耶精舍拜望大千先生。两位大画师当年在巴黎订交，彼此都倾倒于对方的才华，常常在一起切磋画艺，共享美食。如今暌违多时，回顾过去一段时光，两人的艺术创作力不减当年，画家的心，也依然年轻。

摩耶精舍嘉宾云集，两位大画师"把臂话当年"在巴黎……当真是盛会难再，大千居士谈到了赵无极烧坏了的猪腰子，兴致高昂起来。

"无极兄，你记不记得？以前在巴黎你要我去尝你做的猪腰，我说外国的腰子腥，不敢吃，你向我保证你处理得好，绝没有怪味道，结果我还是上了当哇！倒是赵太太那天的红烧鸡好吃得不得了。"

赵无极一旁微笑，继而凑趣地以四川话接道："哎呀！大千先生，原来您到今天都还没有原谅我。"

惹得大家都笑了，话题转到了抽象画。这时大千居士显得豪情万丈，但是言语间却处处透着机锋，耐人寻思。

在座有人问大千先生对赵氏的画艺看法如何，他却不直说如何如何，只是套用《金刚经》中佛祖所揭示的四句偈语道："若以色见我，以音声求我，是人行邪道，不能见如来。"

这真是玄之又玄了。也许，大千居士有双重意思，一是抽象画本是不落言诠的一种艺术形式，正在佛曰"不可说不可说"的境界，若是强做解人，反而不美。

另一种解释是，抽象画是一种内观返照、即性而求的艺术表达过程，和其他艺术形式比较起来，它是离形迹之间、超耳目之外的，若是执着于色相、迷惑于尘俗，反而不能直探其本来面目。

大千先生或许是怕这其中玄机太重，又把大家的思绪拉回实际，他说："唐代司空表圣所谓'超以象外，得其环中'也是这个意思嘛！"

好个"超以象外，得其环中"！艺术家的心灵何其自由！他可以上天入地地上下求索，在无垠的宇宙间恣意邀游，这就是"超以象外"了，而映照这一切洒洒落落、超达旷放思维的，则是画家深沉的内心世界，所谓的"得其环中"——在他热情的探索，或是沉寂的观照过程中，构成了一个圆融自足的天地。

谈兴一起，大千先生索性撂下一句豪语："有人对我说，你们艺术家简直跟皇帝一样神气！我回答说：做皇帝才不过瘾哪，皇帝还要受人管，我们艺术家最起码要做上帝！因为艺术家可以创造天地嘛！"大千居士语出惊人，随即以目光征询另一位艺术家的意见："无极兄，你认为如何？"

赵无极一径微笑不语，似乎是默认了。

大千居士的话语像天风海雨，一波又一波地袭来，岩壑幽深，波澜壮阔，像他设色浓艳、巨幅开阖的泼彩画，而赵无极的风范则是"不着一字，尽得风流"，或许这便是他抽象画中朦胧飘逸的一贯诗情吧。

赵无极不大发表意见，但是并非出于高傲，相反的，在他周围的人都感受到他的谦和平易。从外貌看来：花白的头发、粉红色的面颊和挺拔的身躯，实在已经构成了最佳的"艺术

赵无极与夫人参观张大千尚未完成的巨作《庐山图》

家"形象。更难得的是那样好的风度，以及自然流露的一股器宇不凡的气质，想来这是经过几十年的凝聚沉潜焕发而出的外在丰神。

两位大画师的画风虽然分属一东一西，然而彼此并非没有共通之处。赵无极的抽象画深具东方的内涵，而张大千的作品也从东方传统中超拔而出，浸浸然具有世界性的风貌。以艺术家彼此的相知相赏，大千居士推崇赵无极是绝顶的天才，而赵无极对大千先生亦是佩服无已的。据说，赵无极以前执意要拜大千居士为师，为的是要向他学张天师画符的法子，可是大千先生坚持不受。

大千居士私下透露，赵无极在巴黎时曾将所绘传统山水及花鸟作品拿给他看，当时他毫不保留地给予这些作品极高的评价。所以，大千先生一直认为，抽象是从具象中抽离而出，若是没有纯熟优美的具象基础，就一跃而为抽象，不过是欺人之谈罢了。

果然，我们看赵无极的画，发现他除了以甲骨文的线条、青铜器的色彩入画而外，在他最动人的作品中，从那些颤动、断续的线条笔触里，依稀令人想起它和王叔明山水画中细笔皴出的一片山头竟有着神似的面貌；而属于赵无极画中独有的空灵纤细的气质，想必来自东方的源头活水，一些梦幻迷离的画面，也是属于中国人的心灵所编织出来的啊。

抽象画是属于唯灵世界的；回到现实世界的一幕却透着温馨感人的气息，那是两位大画师交换画册的一刻。

大千居士仔细地阅读赵无极画册中的每一幅画，一面以手

比画其中一幅画的哪一部分真精彩，他认为赵无极的画比以前
又有进境，又有新面貌了。一个大艺术家从来不能停止前进的
脚步，他自己又何尝不然呢？看完对方的画册，大千先生慎重
地在自己的画册上题道"无极道兄赐教　大千弟张爰"，这真
是客气谦虚得很了。没想到那边赵无极却在自己的画册上题道
"大千吾师诲教　生无极"。这里更诚挚恭敬了，虽说东西方画
风有别，这下到底看出了，两人都是东方文化熏陶孕育之下，
亦狂亦儒亦温文的画家嘛！在艺术的领域里，他们都当仁不让
地要当"上帝"，但是回过头来在现实生活中做"人"的时候，
他们却是那么的谦卑。或许这便是艺术家的两面，飞扬跋扈的
属于创造，雍雍熙熙的属于这个俗世。

# 大千居士赠宝记

——台静农教授的书法缘

　　有段时间摩耶精舍曾挂出一幅倪元璐的字，当时大千居士很自豪地向来客们介绍这幅有明一代忠臣的字。大千先生如此郑重其事，不只因为倪元璐传世的墨宝极少，也因为他一向把倪鸿宝的字当作自己心爱的宝物；可是，不久以前，他却毅然决定把仅存的一张倪字送给台静农先生，并且还说他这么做以后自觉十分快乐。

　　大千先生收藏最富时，手边有三百多位中国历代书画家的作品——从宋元到乾隆都有，乾隆以后的作品就不收——当然若是长辈的作品就另当别论了。当时他拥有十张左右的倪元璐作品，以倪元璐作品之少而言，这个数目是相当惊人的。然而因为战乱迁徙难免会有失落，再加上日后又辗转变卖了一些收藏，到后来倪氏的真迹只剩下手头的一张了。因此他对这张倪文贞公的字格外觉得珍贵。

　　前一阵病中，他思前想后，想到自己手边还剩下的一些收藏，深觉自己一辈子爱这些书画，未尝不是精神上的一种负担；而且，他又生怕自己会在意志不坚时，把最心爱的这幅倪

台静农为摩耶精舍所题匾额

字给卖掉了。因此等他一出医院，便立刻拣出了这张倪字，赠给台先生。台先生四十多年前，因着一个偶然的机缘，借大千先生之助而临倪鸿宝的字，今天成为大千居士口中"三百五十年来写倪字的第一人"。现在"宝剑赠英雄"，把自己所爱的东西托付得人，还有什么事比这更令大千居士高兴的呢？

## 张大千谈倪元璐

倪元璐，字玉汝，号鸿宝，浙江上虞人，是明崇祯时的户部尚书。大千先生十分佩服倪鸿宝的为人，每谈及倪氏临终时的情况，往往不能自已。

"闯贼李自成攻入北京以后，三月十九日，崇祯自缢的当天，倪元璐穿戴好衣冠，北向皇帝所在一拜，然后南向拜母；自己认罪说，宗社至此，当臣子的不能救国，死当填沟壑，希望别人不要用棺木埋葬他，以示哀痛。他的夫人同样了不起，告诉他：你是罪臣，不当有衣冠。于是他取下衣冠，再和夫人对吊而死……"说到这儿大千居士眼眶一红，声音已经哽咽：

"他死得多么从容！其实像崇祯这种听信奸臣的昏君，一般人不反你就够好了，倪鸿宝居然能这样死而无悔。"大千先生是性情中人，讲着讲着情绪久久不能平复。

听了大千先生这段描述，再看倪元璐的字，觉得除了苍润古雅、气韵高华之外，更令人有正气脱纸而出之感。

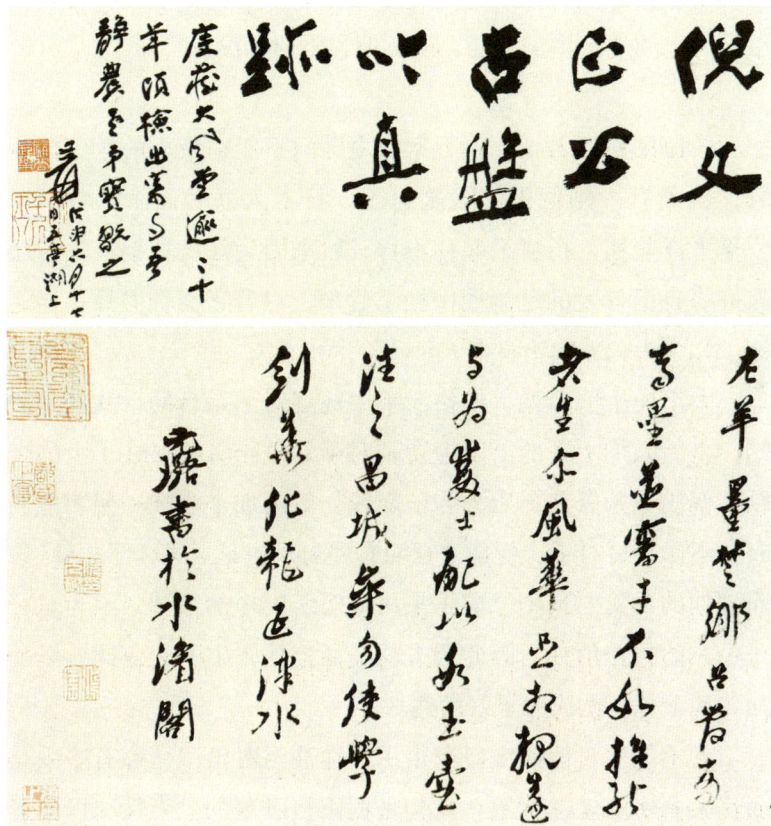

倪元璐，《古盘吟卷》（张大千赠台静农）局部，张大千1968年题

《明诗纪事》中记载王香泉的话说:"吾生平颇爱徐天池(徐渭)书法,脱尽俗尘,及置倪公行草旁,便如小巫见大巫,无坐立处……况倪有忠义之气流露毫端,去人自远。"

喜爱书法的收藏家都以收藏倪字为毕生的愿望,但是拥有一幅倪的真迹却是难上加难。

大千先生自认何其有幸,当时竟能拥有十张倪氏的真迹,并与之朝夕相对。他说,叶公超先生多年前曾要求他把现在送给台先生的这张墨宝割爱,但是他舍不得,没有答应。

一位民初的名士,金石家赵之谦门下年纪最小的学生杨耕云,就藏有一副倪氏的金笺对子。日本人慕名而来,希望以一千大洋收购,杨耕云起初不肯,后来因为经济拮据,不得已只好将自己珍爱的这幅倪字挂了起来,对着它焚香而拜,连连磕了几个头,才卖给日本人。

大千先生解释说,杨耕云手中这副对子是真的,款却是假的,是后人加上去的。因为这副对子是过年时贴在柱子上的楹贴,倪氏不曾署名,后人为了卖钱,就附加个假款。倪鸿宝当时并不作兴写对子,就像文征明有些对子也是后人为了生意经,而把他的一丈二尺中堂剪下来拼成对子一样的道理,因为对子比单一的挂张值钱,因此后人就随便把挂张中的七言律诗里的两句截下来,做成对子好卖钱。

大千先生对倪鸿宝研究很深,他甚至看出倪元璐有些画是明代大画家陈老莲代笔,款却是倪氏自己落的。当然,以陈老莲高傲的个性,不会轻易地替人代笔,除非是自己敬佩的友人,照推算，陈老莲当是倪元璐的晚辈。

倪元璐的书法传世已少，他的画更是罕见。陶元藻的《越画见闻》记载他画山水是"林木苍莽郁葱，皴法喜用大小劈斧，不屑描头画角，取媚于人"。王香泉则说倪画"以雄深高浑见魄力"。大千居士认为倪画是典型的文人画，以职业画家的眼光来看，画得并不好，但是它的"好"处也就在这点"不好"上。

大千先生手边有一张倪元璐的真迹《松石图》，他说自己年少气盛时，往往以摹古人画能乱真为乐。他自己也曾仿倪画了一张《松石图》，而且常把这两张挂在一起比较，让朋友猜哪张是真，哪张是假？往往竟使许多专家也分不出来；说到这儿，大千居士像老顽童似的，露出十分得意的笑容。

以大千先生才气之高，用功之深，自然知道如何抓住古人的神髓，将各家的风格据为己有，我有幸观看他表演他的"绝活"——抓起笔来，古人便一一在他的腕底展现：写"扬州八怪"之一的金冬心就像金冬心，写八大、石涛便和八大、石涛的署名一般无二，至于恽南田、倪元璐自然不在话下。

倪元璐的字乍看便觉雅意袭人，笔意厚重而离奇，有如龙蛇疾行，气势优美，却没有定轨可寻，它和王羲之、赵孟頫书法的秀逸轻灵之风大不相同；细细推敲倪字的出处，可能和魏碑有渊源。胡小石所辑《金石蕃锦》，当中有一幅是六朝造像，并附有小石先生的一段批语"平生爱倪鸿宝书，却于此处得笔法"。六朝造像的菩萨像旁附的多是楷书题字，而且大抵都有魏碑的意思，可见倪字可能受了厚重的魏碑的影响。

倪元璐殉国至今有三百五十年了。中间学他字的人不多，比较有名的是沈寐叟，为大千先生的老师曾熙以及清道人的好友，也是清末遗老；但是大千居士以为学倪字而写得出神入化，台静农先生可以当得上是三百五十年来的第一人！

大千先生不随便推许人，他以为台先生之书近年来已从倪字中变化而出，不尽是倪字风貌。学字若写得和别人一模一样，结果也只能落得个"奴书"之名，台先生已经凌越到更高的境界。

凡是到大千先生外双溪宅邸拜访过的人，一抬眼便可看到门前挂了一幅横匾，上面书着遒劲有力的四个大字"摩耶精舍"——便是出于台先生的手笔。而大千先生过八十大寿的寿序，也是请台先生写的。可见大千居士对台先生文章书法的倚重和推崇，而以台先生自守之严谨也是不轻易为人写字属文的。他常说大千先生是个了不起的奇人，而他们之间几十年互相倾慕的友谊，最初却可以说是靠倪鸿宝而建立起来的。

## 台静农谈倪鸿宝

台先生五四时代在北平求学，一心只以打破旧社会的积习，建立强盛的新中国为念；因此总认为习字是"玩物丧志"；到了抗战初年，他住在四川白沙的江边，在国立女子师范学院教书之余，乡居无俚，便拣出行箧中仅有的一本《王觉斯（铎）赠汤若望诗卷印本》来临写，结果给他的老师沈尹默先生知道了，写了首诗给他，其中两句是"最嫌烂熟能伤雅，不羡精能王觉斯"。

沈尹默先生觉得王铎的字甜媚秀丽，故而不雅，不知是不是将王铎生前的为人加入了这项判断？总之台先生觉得老师的话有道理，遂不再临王铎。这时他偶然在胡小石的书斋见到《书道全集》中收有倪元璐的字，一见之下，大为倾心，就借了来临。

台先生倪字写了一段时间后，有一次写信给他的同乡兼好友张目寒先生，恰巧为和张目寒情同手足的大千先生看到，非常惊喜，但是认为台先生当时的字体，还没有完全得到倪字的精髓，于是马上命学生把倪鸿宝的字用双钩的方法钩起来，从青城山送到白沙去给台先生。倪鸿宝的真迹少，台先生得到这份双钩以后，认为仅次真迹一等，从此便奉为典则，在精神上直追倪鸿宝。

台先生认为自己先学王铎，再学倪鸿宝，也是十分巧合的。因为王铎、黄道周、倪元璐三人在明末齐名，既居庙堂，又以诗文书法知名于世。可是三个人在乱局之中对人生所做的选择，却代表了三种截然不同的典型。

倪元璐在崇祯自缢的当天就上吊而死，王铎则在清兵入关后降清，黄道周奉南京的弘光帝为正朔，率领小群人马在南方打游击，不幸最后仍为清兵所执。所以黄道周曾写有"鸿宝碧血，觉斯（王铎）埋尘，莫能宗予"之句，有点自许的意思，也有不为人所知的苦楚。

大千先生和台先生除了心仪倪鸿宝以外，对于黄道周也一致推崇。黄道周以楷书知名，据说在他被执行死刑之前，忽然想起某人请他写的手卷还没有动笔，于是立刻提笔疾书，等小

台静农与张大千共赏含苞待放之新荷

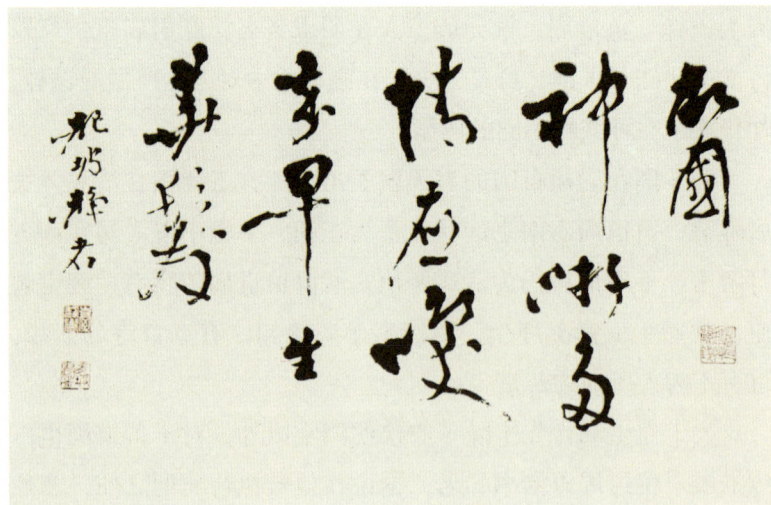

台静农，《草书故国神游》

楷一笔笔写完，发现纸还有一截，但是行刑的时间已经近了，于是他改写行草，一挥而就，之后受死，死得从容极了。和他的生前好友倪鸿宝比起来，并不逊色。

世人多以"倪黄"并称，而"倪黄"这种表现高度风骨的传统，在中国历史上并没有中断，至少在台先生身上，所表现出中国士子的高洁风范，多少反映出这种传统的光辉。

以前很少人知道，今天淡泊名利、谦冲自牧、处处不与人争的台先生，当年也会是"五四新青年"，也曾激烈地反抗"吃人的礼教"、旧社会的封建势力以及迷信愚昧的黑暗面。这是直到香港的刘以鬯先生将台先生的短篇小说辑而成册，并为文推介台先生杰出的小说成就，认为直追鲁迅之风，才为近人所知的。

台先生写字纯粹是为了寄托性情，名利之事和他似乎连不在一块儿。以往也曾多次有人劝他开展览会，但是都为他所婉拒。因为他素来畏惧应酬宣传这类事。可是友人携了他的书法在香港展出，却被人抢购一空，日本近代书道研究所也慕名而来，央求江兆申先生介绍，为台先生出了一本书法专集，这次台北历史博物馆更郑重邀请他展出，他怎能拒绝。台先生从来不喜渲染自己的艺事，可是世人不放过他，识货的人对他的书艺自有定评，"桃李无言，下自成蹊"，不就是如此？

台先生的行书师法倪元璐，隶书则由敦实厚重的《华山碑》转而向更奔放自由的"摩崖书"寻求灵感，"摩崖书"以《石门颂》和《杨淮表》为主。他想通过斧凿的痕迹直寻汉人的笔致，到达更高古雄浑的境界；因为近年来吸收前人的笔意愈来愈博，他的倪书也不完全是当初的风貌，而已变化为"台书"了。

台先生写字对用笔、用纸、用墨都不挑剔。他写字用墨汁，而笔则是以前友人送的日本"温恭堂"制的羊毫笔，他觉得很好用，就一直沿用至今；纸则一向用普通宣纸，案头上一些友人或学生敬求法书送来的纸随随便便地搭落起来，他经常抽来就写，倒是太名贵的纸他写不来。他自嘲说，每逢有人送金笺纸时，他总是一写就坏，而用坏纸写字时，却是每一次都成功。多年来，他就在陈设简单的书斋里写字，即使写大幅对联，也是在一方小桌上完成，他倒不觉有什么不便。

他说，写字不光靠苦练，有时不经思考的苦练反而不易进步，因此他主张多"读"前人的碑帖，眼界广了以后苦练益之以思索，才能创造出完美的笔法。台先生目前手边除了有一张倪鸿宝的真迹外，还有两张倪鸿宝的"赝品"，而这两张赝品，都可以分别纪念一段友谊。一张便是大千居士为了助他临写，而命学生双钩下来的倪元璐书自己的诗《体秋》。台先生后来将这幅双钩中间予以填墨，并挂了起来。大概给罗家伦先生知道了，巧的是罗先生也收有一幅倪鸿宝的字，可惜后来发现有勾勒的痕迹，遂断定是假的。他把此事告诉台先生，台先生却说，就算是假的，也是从真迹描摹而来，仍然有参考的价值。钟繇、王羲之的真迹谁也没见过，还不是辗转临摹下来的吗？罗先生一听，十分高兴，就把这幅倪元璐自书诗作《把酒漫成》的赝品送给台先生，还开玩笑说，台先生家中已挂有一幅双钩（赝品），不可无伴，罗先生并作了首小诗给台先生，诗成于一九六一年：

赠公赝鼎太荒唐，风范公云幸未亡。

在昔临摹钩勒本，乱真原溯到钟王。

据说这幅《把酒漫成》的真品已为日人收购而去，目前可能在日本，而《体秋》的真品则已不知流落何方。日后这两幅作品若发生双胞案，后人可以此文为线索，考证一番。

台先生的字不轻易许人，或许只有他的学生比较容易得到他的字。从他题的诗也可看出他的癖好来。他好题王安石和恽寿平的诗，王荆公的诗有气魄、有性情，而恽南田的诗除了极雅之外，犹隐含家国之痛的弦外之音。

仔细想想，真觉只有台先生这样的性情和风骨，才能把倪字写得这样出神入化，而亦只有大千先生这样真正懂艺术的人，才能爱惜倪元璐的字，转而尊重台先生。他们两人所结下的这段翰墨因缘，即溯源于对倪鸿宝共同的喜爱，与其说他们是佩服倪元璐的诗文和书法，不如说是崇拜他的人格。

"肉骨虽寒魂魄香"，这是倪鸿宝在书写《左光斗传》后所赋诗中的一句，未尝不是他本人的写照。历史上能写王铎那样秀丽轻盈字体的人实在不少，但是能像倪鸿宝一样，让人在观其笔锋游走之余，顿生敬心的，能有几人呢？

# 大千世界

　　大千居士近来最喜欢吟诵明"铁笛道人"杨铁崖的两句诗："高年直到九十九，好景常如三月三。"这两句诗也代表了他目前的心境。经过了波澜壮阔的一生，他现在正在自己的故土上安享余年，试想这种安逸的日子，活到九十九岁依然健康胜常；在温煦的微风吹拂下，漫步于摩耶精舍的小园中，看着万物欣欣向荣、一片生意，每天享受和朋友欢聚笑谈之乐。此情此景，长在长存，岂不美哉？

## 看山还看故山青

　　大千居士回国定居，忽忽已经五载，他自己和他的许多友人，都认为这是一项明智的决定。经过在台湾这五年的调息，老人家的精神益发健旺，不但以前一度需要坐的轮椅丢开不用了，他的糖尿病也减轻了，吃东西也不需要再忌口。更重要的是，艺术家在国外漂泊多年的心灵，现在有了安顿，他的诗里不再有投身夷荒、欲诉无人的感慨；笔下的山水，也由异乡的湖光山色转而为祖国壮丽的山河。瑞士的少妇峰、南美的大瀑布都曾是他笔底下的美景，然而，比起现在逶迤在他画稿上的阿里山、横贯公路、梨山来，他固执地认为"看山还看故山青"。

　　和中国历史上许多高龄的山水画家一样，他热爱自然美景，并对庭园艺术有着浓厚的兴趣，似乎徜徉在山水间，他撷取了大自然的英华，逐渐养成了与自然合一的怀抱。另一方面，在面对大自然的沉思冥想中，以"造化为师"的心胸，使他悟出了无数艺术上的真理，不断扩展也提升了他艺术的

张大千在八德园。郎静山摄于 1964 年

领域。黄公望、沈周、文征明、董其昌及清初的"四王"这些山水画家得享高龄，跟他们在山水草木间悠游卒岁、颐养天年也不无关系吧。

　　大千居士回忆起回台定居的经过时，他说这是临时决定的。他回顾一生所做的大小决定，仿佛都不曾有过周详的计划，完全是凭兴之所至，或一时突发的意念。

## 游居巴西，辟建八德园

　　解放战争初期，他和妻小从印度转到香港暂居，然后搭轮船经日本往南美"打天下"，那时他方值壮年，正豪情万丈。一九五二年，先抵阿根廷的门多萨；继而往巴西一游，发现了圣保罗附近摩诘山城的风景酷似四川的成都平原，树木苍郁、河流环绕，简直是人间胜境。他马上向地主——一位意大利药房老板买下这块土地，把全家从阿根廷接来，并在这儿"开疆辟土"，耗资将近两百万美金开辟了人工湖——五亭湖，建造了一个有笔冢、竹林、梅林、松林、荷塘、唤鱼石、下棋石的纯粹中国风味的"八德园"。

　　怀着避世的心情，他在南美自己所营建的世外桃源里，度过了十七年岁月。一九七〇年，由于巴西政府准备在八德园兴建水库，他毅然抛弃了在那里投下的心血和多年建设的成果，在风景秀丽的美国西岸加州卡麦尔艺术城附近购置了"可以居"和"环荜庵"，又在当地定居下来。

　　一九七六年，他自美返国探望朋友。在回美国的飞机上，

张大千在"可以居",1971 年

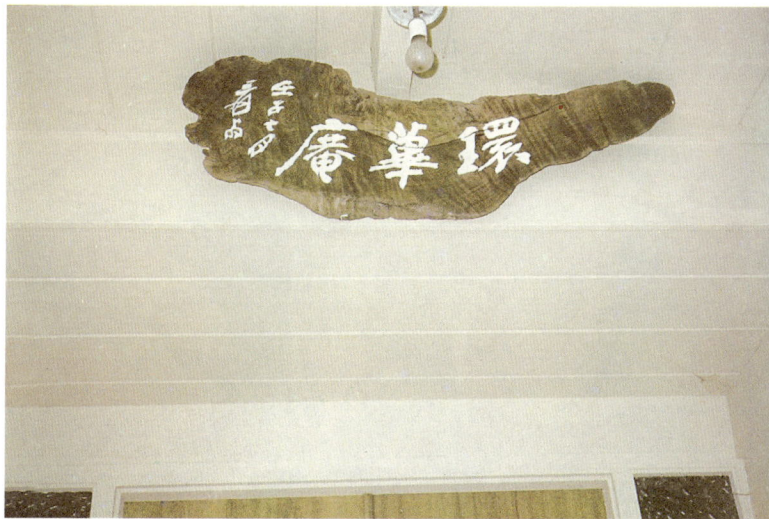

张大千题美国加州"环荜庵"匾额,1972 年

张大千美国加州"环荜庵"客厅，1972 年

张大千伉俪于美国加州 17 哩海岸公园散步，1967 年。苏·利文教授收藏

他想起张岳公对他的叮嘱、朋友们对他的关爱和台湾风物人情的醇美，他忽然觉得，是叶落归根的时候了，如果能回国定居，那该有多么踏实！他已经七十八岁了，再不把握机会就要遗憾终生，异邦"虽信美而非吾土兮，曾何足以少留"，古人的话正是他心情的写照，他没有什么可犹豫的了。

于是，他再一次放弃了已经营成心目中理想中国式庭园的"环荜庵"，而在台北外双溪找到了"摩耶精舍"的现址。

## 一位怀有赤子之心的老人

摆龙门阵，品茗，逛花园，作画——是大千居士每天生活的基调。

早晨大约七点钟，他就起来，开始一天的活动。

大千居士八十四岁了，常为他看病的几位医生都认为他患了那么多年的糖尿病，还能保持这样硬朗的身体和过人的活力真是奇迹。

的确，他的精神之好，一点不像一般人想象中一个八十余岁的老人的样子。他雅好美食，兴致来时，会亲自到厨房去，动手烧几个"大风堂"名菜。一旦发起脾气来，真情流露，大声怒吼，中气十足，哪有一点衰老之相？至于作起画来，画荷梗时，一气呵成，从无停顿；画荷叶时，大笔挥洒，浑然天成，让人不由得看得目不转睛。画泼墨彩山水时，他全神贯注，把墨色或青绿倾洒而下，然后在混沌中拨出苍冥和大地河山，似乎凝聚于毫端待发待收的，是万般的气势与无限的精神，旁观者唯有暗自心惊与叹服！

　　为了照顾大千居士的生活起居，以及控制他的宿疾心脏病及糖尿病，目前有四位护士小姐二十四小时不停地轮流看护，他常对友人戏称："我现在被'四人帮'管制得动弹不得喽！"实则四位小姐都晓得，大千居士是最不受拘束的，如何控制这个"任性"病人的饮食起居，真是门大学问。

## 保养顾惜画画的双手

　　每个星期一、三、五早上，是大千居士做物理治疗的时间。

　　大千居士做物理治疗，主要为恢复他数年前摔伤后的腿疾和加强手部的灵活。如果细心观察，当可发现，大千居士最怕他的手出毛病，因此，在饭桌上也好，聊天时也好，他随时随地都会下意识地不住活动着自己的手腕和手指，因为他说这是他"吃饭的家伙"。

　　午饭后，大千居士通常午睡片刻。他的午睡可不像一般人那么安稳，他的睡眠往往一波三折，因为他白日里脑筋从没有停顿过，上了床后，往往要看些书报（从国际大事看到艺坛、娱乐圈，乃至地方版的大小新闻，可说巨细靡遗），才能渐渐入睡。但是他睡的时候，又不能完全把思虑抛开，有时在梦中会喃喃而语，念的不是作画的事，就是和家人的谈话。有一次他梦见自己斥责爱孙绵绵，结果绵绵羞愧地说，没有面目见人，要跳到河沟里，他惊得一身是汗，醒来时还会伤心得落泪。

　　他就是这样一个性情中人，一个八十余岁而不失赤子之心的可爱老人。有时，提起他的两位老师清道人和曾农髯从前对他种种的关爱和赏识，他也会先眼睛一红，继而为之大恸。

他常说："我不是一个豁达的人。"因为他若有特别喜爱的花木、盆景、石头，如果未能如愿拥有，便会思念成疾；为了构思绘事，他也常苦苦思索，必至豁然贯通而后已。他常自叹为一个"情"字所羁绊——有恩情、亲情、友情、人情，也有爱情。他是一位率性而情深的艺术家。

## 执意保留传统的生活情调

在一切都讲求快速的现代，一般家庭对"吃"虽不至于仅以果腹为目的，但是力求简化却是大势所趋，像大千居士那样把"吃"当作一种艺术般爱好和追求的，恐怕是少之又少了。只有在大风堂，你才能看到一般家庭中快成为绝响的"吃的艺术"，也只有大千居士才能如此力抗时代的潮流，他执意要生活在传统中国人所向往的生活情调里。

每天早晨七时许，他在护士小姐的搀扶下，先进早餐，一些大风堂的熟客、有早起习惯的友人，或是有事想与老太爷单独相商的，往往一大早就赶来，和他共进早餐。

他早餐常吃的餐点：油条烧饼、蒸饺（荤素都有）、小笼包、雪菜火腿面、红油抄手、红油饺子、臊子面、蛋炒饭、皮蛋稀饭、葱油饼、红豆松糕、黄鱼面、咖喱饺、萝卜丝饼。

吃像萝卜丝饼、虾饺，或烧卖之类的点心时，一定要佐以好茶。最近他迷上了圆山饭店吕师傅做的萝卜丝饼，隔两天必订制一批，大快朵颐。他说从来没吃过这么好的萝卜丝饼，馅儿鲜美，外面的酥皮又做得恰到好处，即使当年上海著名的饼铺也远远不及。他第一次吃到这种萝卜丝饼是在赖名汤将军的家里，立时大为倾倒，赖将军看他那么爱吃，要他把席中所有的包回去，他还不足，索性告诉赖上将："'传药不如传方'，你还是告诉我上哪儿去买吧。"遇到他爱（吃）的东西，他就是这么固执的必得之而后快。

## 书画、名点、好茶，不亦快哉

在四壁都是书画的环绕下，客人们尽情地谈笑着，往往不觉暮色将合。到了吃下午茶的时候，客人纷纷从画室穿过天井，移驾到另一头的饭厅，准备享受一顿大风堂的好茶和美点。

下午点心和早点的花样差不多，有时会外加蚝油捞面、葱丝炒面、鼎泰丰的小笼包、银翼的豆沙饺、订做的（青）豆泥饺，以及客人从永和带来的小烧饼、香港客从"镛记"带来的鹅肠、"天福"的湖州粽子等。此地"明星"的牛角面包烤热了夹点芝士，大千居士也很爱。这是唯一的例外——洋点心而能获得他的青睐。

吃下午茶时点心在次，最重要的还是"茶"，否则大千居士吃得就不开心。他最爱的是铁观音，其次乌龙，平日也喝清茶。

大千居士喝茶是有学问的。他喝的茶，为怕灰尘，冲茶的第一道水要倒掉，冲第二道时，再依次倒入杯中：第一杯要少，第二杯稍多，第三杯再多……嗣后再从最后一杯由少渐多倒回来，这样每杯的浓淡和分量就均等了。大风堂平日都用扁平的铁砂壶泡茶，喝茶则用陶土制的棕色茶托、竹绿色小茶碗。至于喝清茶时，则需用白色的杯子，才能出现淡绿的茶色。这些规矩都不能造次，若是谁用大玻璃杯冲茶给大千居士喝，那就扫了他的茶兴了。

## 非常的好客

午饭时，除了大风堂的熟客外，桌上坐的多是自己人。晚膳时，大千居士喜欢留客，若看到圆桌上坐满了十二个人，他就真正的开心。饭桌上气氛一热闹，他的胃口也大开，谈兴也高了；精神好的时候，甚至还亲自下厨亮两手银丝牛肉、蚂蚁上树、辣子鱼给大家尝尝。

大千居士深知"独乐乐不如众乐乐"的道理，仿佛任何美味都要和朋友共享后才有真正的乐趣。如果说，有些艺术家是遁世的、遗世的，要在出世的心情下，才能幻化出飘逸出尘的艺术之花；那么大千居士毋宁是十分入世的。他不是不曾有过隐遁之思，但是绝大多数的时候，他都是那么热爱生命、热爱尘世间的欢乐，并且兴致勃勃地享受生活中的点点滴滴。

大风堂晚餐和中餐一样，平时是四菜一汤，但是有客时，则增为五菜或六菜。菜端上来时是大盘海碗，座上食客再海量也可吃个痛快。

家常菜以川菜为主，其他菜为辅，如蒜泥白肉、凉拌茄子、荷叶粉蒸排骨、皮蛋拌豆腐、干煎明虾、油爆虾、鱼香烘蛋、蚝油豆腐、炝白菜、蟹黄白菜、干煸四季豆、棒棒鸡、宫保鸡丁、豆豉蒸鲳鱼、辣子黄鱼等，都是常见的菜肴。

大千居士喜欢吃肉，看到青菜他便要皱眉头。有很长一个时期，他是无大肉不欢，必得东坡肉、樱桃肉、腐乳肉、梅干菜扣肉、垫红薯的粉蒸肉、清蒸猪脚、红烧肉等菜上了桌，他才开怀。近来也许年岁大了，他比较偏好清淡可口的小菜和清汤。

## 令人回味无穷的佳肴

大风堂宴客时，又有另一套菜单，每每由大千居士自拟，书就后交付厨房，照菜单上的菜式去做，并依其序上菜。大风堂宴客的名菜有入口即化、且不油腻的狮子头，有以花雕酒蒸的酒蒸鸭，以及水铺牛肉、鱼面、六一丝、烩七珍，以及张府特制的煨排翅、鲍鱼等。

大风堂以前有过几位知名的师傅，像在日本扬名立万、拥有多家"四川饭店"连锁店的陈建民，以及已经病逝于纽约、以怪脾气知名的名厨娄海云。来台以后，大千居士也训练过新人，但都不能如意，后来又陆续用过几位川菜馆的大师傅，因为他们都是在外头掌头灶的师傅，年纪也不小了，所以烧的菜都已定了型，菜馆的习惯（菜起锅时浇一大勺油及大量用味精）也改不了，而且不擅烧家常菜及大风堂菜。因此大千居士现在又开始训练一名悟性颇高、刀功要得的谢姓师傅，这位人称"小谢"的青年人在大千居士悉心调教下，或许来日也是一位名闻四海的大师傅也未可知。

## 林园之胜，在在均可入画

初来大风堂的客人固然迫不及待地想看看大千居士的造园艺术，就是经常出入大风堂的客人，大千居士也常常会给他们一个意想不到的惊喜。

摩耶精舍的庭园不是一成不变的，它随时跟着主人的构思和意念而不断变化、创新。大千居士自己每天定要在摩耶精舍内漫步流连，让自己沉浸在一片浓密的绿意里，耳闻淙淙的溪流声，时有清风吹拂着他的美髯，一切是那么祥和美好。这时艺术家的心灵得到了憩息，生命中鲜活的力量不断在滋长，大千居士在自然的美景中感到衷心的喜悦，他的脸上也会露出孩童般纯真的笑容。

当他自己一人在护士小姐的搀扶下，在园中走动的时候，他总一面浏览景物，一面凝神思索着一草一木一石的布局，手指还不停地比画着。在他脑中呈现的，也许是一幅在一树错落有致、劲节孤高的梅花旁斜倚一名美女的图画；也许是以盘曲遒劲的黄山松和悬崖峭壁构成的奇绝之景；也许是如何表达出石的皱、瘦、透、漏、丑的章法……

在大千居士精心策划、不断建设之下，摩耶精舍的庭园目前已经很具规模了。从摩耶精舍一进得门来，就有一方池塘，里面有许多色泽鲜明的鱼儿彼此在游戏追逐。

池塘的一边有丝丝杨柳垂拂其上，另一边前后竖立着几个高低形状不一的巨形木头，木头的表面显得斑驳而原始，外观却透着"拙""厚"的意味。乍看，这一方池塘很有大千居士所画的"游鱼落花"的画意，着墨不多，但是轻松、悠游、精致兼而有之。

不但如此，这一景还有立体感，从各个角度看，这个池塘都有可观之处，都可以入画。甚至俯看、仰看都各有巧妙。几块巨木、石头，加上盘曲的松树盆景，经大千居士一摆设看来就有前景、后景之分，他以画理美化了真实的景物，丰富了人们的视觉。

进得摩耶精舍的四合院中央，是个天井，大千居士原有意从外双溪引进一道活水，环流天井四周，那该是何等的清新可喜！然而房子肇建之初，没将这一节设计好，致使外双溪之水无法在天井之内流动，这一直使他引以为憾。

不过，他仍然巧夺天工，在天井内修建了两个相连的池塘，和一条小小的沟渠，三者一气相通，环绕着天井。沟渠中有水草、小野花，颇富野趣。沟旁还有数干梅花，冬日里便有暗香疏影之美。而那两口池塘，一眼望去，竟有熟悉之感，原来它和石涛、渐江的画面大为神似。

池边堆的是几盆最名贵的黄山松，或盘曲，或倒立，或斜出。黄山松的特色是松子随风飘落于悬崖峭壁之间，因为终年不见阳光，汲取雨露而滋长，大异于一般松柏的向阳往上生长，因此姿态奇绝，有的向四边呈圆形生长，有的向斜下方生长，和黄山的奇峰突起、孤崖险境一配合，就成了最入画的黄山景致。

## 画境的落实

常出现于渐江、大涤子画中的黄山清新奇僻之景，现在具
体而微地呈现于摩耶精舍的一角，叫大千居士如何不得意？

从天井中穿出，则是摩耶精舍的后园。大千居士在这儿大
兴土木了好久，一下建"考棚"，一下筑亭子，一下修长廊，现
在这些都已竣工。

来到后园右方，面临溪水，有一高敞、以粗的圆木为柱、
以棕皮为顶、颇具原始风味的棚子，这就是"考棚"了。大千
居士有一阵子忽然强烈地怀念起故都北平的烤肉来，一方面他
嫌外面卖的所谓"蒙古烤肉"已变了质；另一方面他也想好好

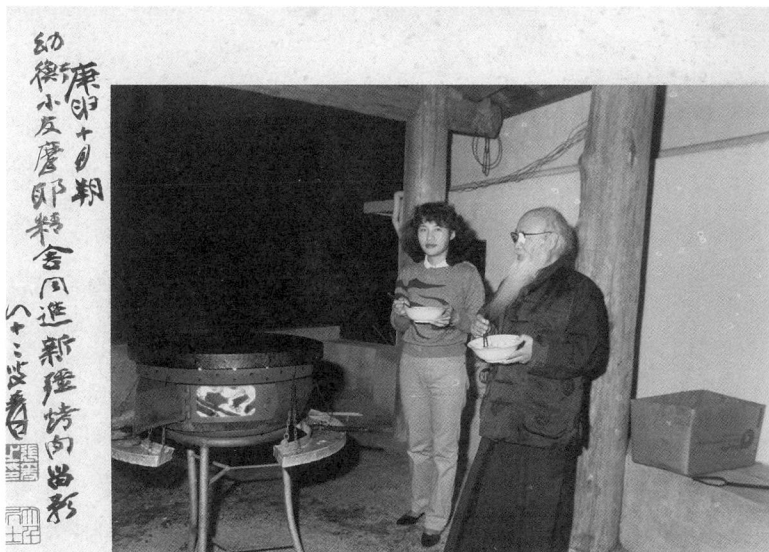

张大千与作者在烤肉炉前

重温一下在故都大啖十几碗烤肉的旧梦，因此大发豪兴，建此
"考棚"，为了让朋友吃到正宗北方烤肉的滋味。

由考棚旁绿地极目望去，一路都是美景，溪岸边堆有大千
居士特选的巨石——当然这些石头的形状都能够入画，作为园
中花木的背景。蜿蜒的白石铺成的小路旁，一路植的是浓密的
梅花、山茶和紫薇。

路的另一头有七八缸荷花，夏日里粉红的、洁白的竞开；荷
的各种姿态——含苞待放时的稚嫩、盛开时的娇艳、荷残时的枯
老，都在这儿呈现。这些最有价值的荷花，不但曾跟郭小庄等美
人合影，它们的风采也已收入名摄影家胡崇贤的作品中，出现在
大千居士自己笔底。尽管每年一到秋初，荷事已尽，只剩得几根
枯梗空自摇曳，但是荷花的精神却已通过艺术而不朽！

## 恍若世外桃源

行行复行行，来到白石小径尽头的竹棚下。竹棚下摆着一
个大理石方桌和几个天然形状的大理石凳，原来这是园主人走
累时歇脚的地方。离座位不远，丛丛花木下还有个安着水龙头
的陶土缸，是为贮存溪水用的，大千居士准备在这竹棚下和朋
友谈玄论道时，以过滤的溪水冲茶待客。

缘竹棚而上，来到双连亭。双连亭位于内、外双溪的分界
点，大千居士为它们分别取名为"分寒亭"和"翼然亭"。"分
寒"是采自李弥的诗句"人与白鸥分暮寒"，"翼然"则出自欧
阳修的《醉翁亭记》之"有亭翼然"。

双连亭是摩耶精舍风景最好的地点——青山四合、溪水环绕，登临其上，令人顿兴临流舒啸之想。放眼望去，绿意袭人，一片静寂中，但听鸟语和水声，恍惚间，似已置身世外桃源。大千居士说，此亭可以卧月看梅；他还说，夏日午后，抱本诗词，在亭中吟哦一番，倦了就打个盹，何等舒畅！

过了双连亭，又来到一长廊下。这条长廊依溪岸而建，是以茅草、棕皮和木头柱子盖成的；从这头望到那头，相当悠远。大千居士喜欢在此漫步，在此听风听雨，走着走着，他的诗兴、豪情俱生，许多好句也就争相迸现。

一路走来，客人们目不暇给，心中不断为园中的奇石、古木、盆景所震撼，一切都喜欢"与朋友共"的大千居士，看到自己经营的心血和巧思获得了赞许，这时心里的快慰真是难以形容。

## "梅丘"之创，不让古人

近来大千居士最乐于介绍，也是客人们注意的焦点，都集中在矗立于园中央的"梅丘"。梅丘是一块形状酷似台湾地形的巨形石碑，它是大千居士在美国西海岸的滨石乡社附近发现的，上面书有大千居士大笔挥洒、笔力遒劲的"梅丘"二字。

梅丘之得名，自然是因大千居士最爱梅花，但古人把"梅林""梅村""梅冢"这类名字都取遍了；大千居士说，他为了不落窠臼，才苦思出"梅丘"这个名字，自觉不让古人，别富创意。

非但"梅丘"是从美国运回来的，摩耶精舍中的一草一木、一盆一石，莫不是当初由巴西运往美国，再由美国运回台北，

张大千立于摩耶精舍"梅丘"旁

这笔运费说出来令人咋舌；但是和大千居士历年来在他所好的盆石上所耗费的巨额资金相比，似乎又不算什么了。再加上他仍不以既有的为满足，继续不断地搜购，不了解他的人或会认为他"玩物丧志"，知道他的人就会理解，那是一种对"美"的追求与狂热，这是没有止境的。如果哪一天他停止了这种追求，他的艺术生命可能也就终止了。

## 金钱是为换心之所爱

就像他搜购心爱的书画真迹一样，只要他爱上的真迹，他总是一掷千金，无所顾惜。买盆景时，明知人家故意抬高价钱，但是即使上当、受骗，他也甘心，只求拥有心之所爱。他真是把钱视作身外之物，难怪溥心畲把他比作李青莲，比起"千金散尽还复来"的豪慨，他是一点也不让李白的。

很多人说，如果大千居士会处理金钱，今天一亿美元的家当都有了，然而他今天仍是"富可敌国，贫无立锥"。何也？他把金钱都投资到盆石花木这些"无用"的东西上了！但是他从不后悔，虽然他曾富甲天下的收藏今天已脱手泰半，然而《大风堂名迹》这本记载他历年收藏的册子，已足以作为他永久的纪念，也可以让后人知道，大千居士曾经拥有过这些"雄视宇内"的瑰宝。至于那些奇石盆景，在他"观物之生"的时候，它们提供了他物情、物理和物态，给了他无尽的灵感和启发。

张大千在画室内专心作画

正如石涛要"搜尽奇峰打草稿"一样，他四处搜求天下奇花异草来入画，正是艺术家的本色。

午睡起来，大概四点，是大风堂会客的时间。

每当此时，大画室里，总是一幅高朋满座、宾主尽欢的画面。大千居士当初把楼下画室建得高敞无比，为的就是想在晚年潜心作画，准备好好在此画出几幅传世之作——但是谁知大千居士是一个辐射中心，他到哪，他的光热就吸引人到哪儿，因此画室不久就变成了会客室，而真正的会客室——客厅反倒人迹罕见，竟成了虚设。

## 书画珍藏要与朋友共赏

大画室的四壁挂的作品经常更换，有近人的作品，也有古代名家真迹，总之每一幅画都大有来历。大千居士喜欢把他的收藏轮流在此亮相，一则避免尘封太久，二则也好和朋友共赏。

目前悬挂在画室的，右边是一幅《善孖伏虎图》，是大千居士兄长善孖先生在苏州网师园伏虎的相片。顺着目光转过去，是一幅大千居士老师曾农髯的梅花，曾老先生晚年才开始学画，因此看得出来，他画梅的技巧并不怎么纯熟，但是画出了文人画的风雅。

再过去是一幅曾农髯的四幅条屏，上面以古重厚拙的汉隶书着左思《三都赋》中的《蜀都赋》："三蜀之豪，时来时往，仰交都邑，结俦附党；剧谈戏论，扼腕抵掌，出则连骑……合樽促席，引满相罚，乐饮今夕，一醉累月，若夫王孙之属，郤公之伦。"上款题的是"怀忠先生正隶"，怀忠先生是大千居士父亲的名讳。

《善孖伏虎图》

再过来是黄公望的《天池石壁图》。这是大千居士不惜重金，要求北平国华堂老板割爱的一幅作品，画上有四川名翰林，也是张善孖先生的老师傅增湘所题的"大风堂藏一峰道人天池石壁图真迹无上神品"。

## 自画像最为引人

挂在画室中央最醒目地方的，是一幅大千居士的三十岁自

张大千，三十自画像

画像。画中的人盖着黑漆漆的一脸络腮胡，两眼圆黑，定定地凝视前方，其中有多少自信的神采，又有多少意气的昂扬？自画像四周，全是名家题款，这些名字有吴湖帆、叶恭绰、杨度、谢无量、散原老人、方地山、谭延闿、黄宾虹、溥心畬等三十二人。

其中"联圣"方地山（大方）题的是："咄咄少年，乃如虬髯，不据扶余，复归中原。"杨度题的是："秀目长髯美少年，松间箕坐若神仙。问谁自写风流格，西蜀张爰字大千。"辛壶题："胸有诗书回出尘，苦瓜画里认前身。谁知三十美髯客，笔底千秋压古人。"

细细看来，名家不愧名家，个个题得精彩，观者在赏画之余，还可以欣赏名家文采。

不论壁上的画怎么换，大千居士最少总要挂一两幅他两位恩师的作品，以及他二兄善孖先生的作品，由此可见他对师长和兄长的尊敬怀念之情。

## 事事都关心

午睡醒来，大千居士精神正健旺，谈兴也高昂，于是和来客天南地北地摆起龙门阵来。从京剧名伶的动态，从前看过的四大名旦、金少山、郝寿臣、筱翠花的绝活，艺坛近事，古人笔记下的趣谈、风雅人物，到中国历代画家的生平和绘事成就……听他聊起中国古代名家，尤其是他所专攻的石涛、八大，往往令人听得出神。以他数十年的涉猎和功夫，在中国艺术史方面，他可说是"学院派"以外真正的大师。他不仅在绘画创作方面，是画坛公认的"五百年来一大千"，就是论起鉴赏书画一道，他也早已超越"专家"的程度，而蔚然成一大家。

平（京）剧名伶郭小庄也是大风堂热门的话题。"小庄最近从花旦变成老旦啰！"大千居士语出惊人道。

"怎么回事？"客人很惊奇。

原来小庄上回演《王魁负桂英》，戏中演出焦桂英化为厉鬼时，一个翻背跃下的动作把背弄伤了，至今未复原。她现在每来大风堂看望大千居士，都是拄着拐杖而行。

社会新闻也是大千居士深感兴趣的一个话题。每天入睡前，他都会把各大报的地方版看了个仔细，许多光怪陆离的社会百态，他都耳熟能详。

## 秀才不出门，能知天下事

大千居士年轻的时候就像野马一样拴不住，二十余载遨游于名山大川之间；就是在七十岁以前，他还是经常"周游列国"。近年他耽好静僻，除非必要，他就不出远门了。

大概是出入大风堂的客人从王公卿相、菊坛名伶、文人雅士，由世界各地返国的旧识到各阶层的人士都有；人多嘴杂，大千居士耳听八方，消息特别灵通。国内外大事、乡里近闻、艺坛动态，大千居士莫不如数家珍。因此他常得意地自认为"秀才不出门，能知天下事"。

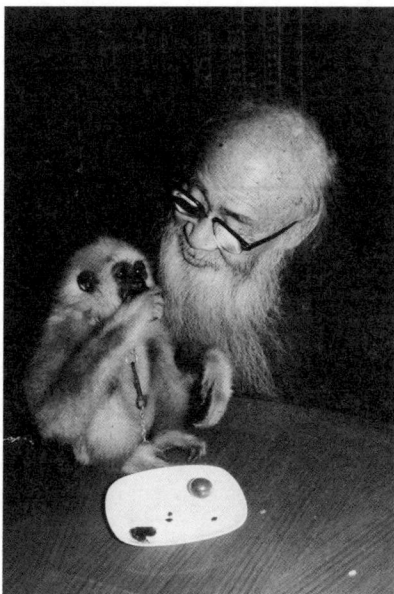

张大千在摩耶精舍餐厅逗着
他心爱的猿，1980 年

## 作画——墨染河岳笔惊天

　　大千居士作画时，不怕人看，但是"观众"是谁，对他的
画兴影响很大。遇到谈得来的对象，平日不想画的画，也在谈
笑间完成了大半。如果碰巧他喜欢的人来了，他就越画越有劲，
说不定还有神来之笔。遇到言语无味的来客，大千居士就要
"唉"一声长叹，把笔一摔——"不想画喽！"

　　白天他要赶画的时候，多半躲到楼上新辟的一间画室作画，
因为楼下的画室既已成了会客室，他嫌人来人往不清静。楼上
这间画室在二楼的角落里，极其幽静，采光好，画室四围摆放

着老人最爱好的石头收藏。更有趣的是，在他画台旁的窗外，设有一槛笼，里面有一只乌猿和一只棕猿在顽皮地跳跃，不停地和作画的老人做鬼脸和滑稽动作，大千居士作画之余，亦不时对它们报以一笑。

老人作画一向一丝不苟，他从没有因为自己已是名家而有丝毫懈怠。外传他的画常是弟子代笔的，对他作画、为人稍有了解的人，就会知道那是完全不可能。以他对绘事认真和近于虔敬的态度，只要他画的画，一笔都不会假，一笔都不敢造次。所谓代笔的传说，不过是造假画的人，故意放出的谣言罢了。

## 夜深人静，诚挚作画

入夜以后，是大千居士专心作画的时间，夜深人静了，他的精神才能集中。泼墨画多在白天精神好、体力佳时为之；入夜后精神耗弱，但是脑筋清醒，他就作传统山水。因为前者需一气呵成，非气势足不为功，后者则可以慢慢渲染经营，一道、两道、三道，慢慢皴，着力一深，画面自然浑厚苍郁。

大千居士在绘画方面能有今天的成就，绝非幸致。他一向主张"七分人事三分天"，他虽有绝顶的聪明，却深信"天才不足恃"的道理。

他九岁随母、姊学画，二十岁时拜曾农髯、清道人为师，从此发奋读书、习字、攻诗文。那段时期他定居苏州，一面与上海著名的画家交游，一面用心摹拟名家的收藏。从二十岁到三十岁期间，他已把京沪间名收藏家的精品临摹无遗，洋溢的才华加上对古人笔法和神韵深刻的领悟，使他临摹出来的作品足以乱真。

曾农髯和清道人是大千居士习字的老师，而在绘画方面，古人石涛则可说是他真正的老师。早年大千居士浸淫于石涛的作品中，直到五十余岁才完全摆脱石涛的影响。但是至今有时完成一幅作品，他仍不免要指着自己的画道："哎，今天这幅山水里头的帆船和人物仍旧是石涛的哦！"

## 在古人名作中驰骋苦学

三十岁到四十岁之间，大千居士驰骋于"明末四僧"石涛、石溪、八大、渐江，以及明水墨花卉画家陈白阳、写意花卉画家徐文长等人作品的领域里，临摹研究中，渐渐揣摩到以上诸家的神髓而能得心应手。

四十二岁时，也是大千居士思想和生命力最旺盛成熟的时候，他又从事了一项破天荒的壮举：远赴敦煌，把中国历代的艺术宝藏重新公之于世，唤起世人的注意。

敦煌的地理位置，是两千年来东方通往西方的交通要道，古代西域高僧东来弘法，或中土僧人前往西域求佛法，以及商旅往来，都必经敦煌。因此从前秦苻坚建元二年（366）起，就有人在此开凿石室，在洞内作塑像和壁画。此后历经北魏、隋、唐、宋、元八百年，各代都有开凿。这里的艺术宝藏，是历代

张大千离开莫高窟前，在上寺门前水边喂雁，1943 年

无数僧侣、信士、艺术家、工匠们的心血结晶，也是一部东方绘画在一千年间的演进史。

经过三年的努力，大千居士完成了把敦煌的洞窟重新编号以及临摹其中的代表作这两项工作。敦煌一行，为大千居士的艺术生命再创高潮，也奠定了他在中国画史上不朽的地位。

## 五百年来一大千

中国画向有文人画和职业画之分，自董其昌划分南宗、北宗以后，更有崇南宗抑北宗之势。南宗大体以文人画为主。文人画固然讲求境界、怀抱，但是职业画家的写实与刚健之气则为前者所无。大千居士四十岁以前即深深浸润于文人画的传统中，如今又得到敦煌的洗礼——把从唐以来像吴道子"吴带当风"那样美的人物线条传统，一直到历代民间艺术的精华，一一收诸腕底。这种际遇和历练是中国历史上没有哪一个画家能拥有的。

提起国画，一向有"南张北溥"之说，溥心畬死后，人称这是文人画的绝响。而大千居士以其文人画、诗书画三绝的禀赋，再益以职业画的熏陶，集国画两种传统之精神于一身，又岂是"五百年来一大千"所足以形容的？此外，对于国画一直争执不休的"拟古"抑"创新"的问题，他没有提出任何理论，却以实际的创作做了最佳的解答。

大千居士在十多年前，一方面自觉石涛路已经走完，必须另辟蹊径，才足以表达胸中的丘壑；另一方面，在欧风美雨的吹袭下，他深感中国画也到了亟须变通的时候。在这种因缘时会下，他在艺事上又有了石破天惊之举——发明了泼墨山水。

## 东方与西方、传统与现代的糅合

在泼墨和泼彩（石青、石绿、赭石）的时候，他又感到光是泼墨还不足以表达心中的"情"和"境"，因此在泼墨中再勾景或加添人物，成了他独创的把现代的精神和古代的传统糅合为一的泼墨山水。

他的这项突破，固然是他自己艺事的更上层楼；从中国美术史的角度来看，也是件大事，因为每个时代的艺术家都必须推陈出新，才能造就一部缤纷灿烂的艺术史。大千居士的创举，为近代中国的艺术史添加了精彩的一页。同时，他的泼墨技法，从西洋的观点来看，是半抽象的现代作品；从中国的观点来看，却又与传统完全吻合。大千居士自己是这样说的："我的泼墨方法是脱胎于中国的古法，只不过加以变化罢了。"

中国早在唐代王洽时，就会用泼墨方法画画；后来米元章也会用落茄点（把莲蓬去子蘸墨）作画，虽然这些说法只见于记载，真实作品早已失传，但是它们无疑给大千居士许多灵感和启发。

大千居士没有提倡过任何艺术理论，但是他轻而易举地，把近代多少美术工作者突破不了的问题解决了。他的作品糅合了东方与西方，衔接了古代与现代。

## 变化气质是根本

可以断言，大千居士在中国艺术史上已具有不朽的地位。以他在画坛的盛名和艺事上的伟大成就，他也早该自满，然而他平日却仍虚怀若谷、谦冲自牧，他常书写一副对联："学问日唯不足；精神养则有余。"最近他更常叹赏陈万里的两句诗："晚知书画真有益，却恐岁月来无多。"

他就是在这种心情下每日自课。他常说，有些画家舍本逐末，专在技巧上讲求，却不知要回过头来多念书才是变化气质的根本之道。大千居士的涉猎范围很广，经史子集无所不包，并不只限于画谱、画论一类的书，不过他更偏爱读"子书"，尤其爱读些志异、怪谈之类的能助长想象力的东西。

每天晚上不读一阵子书他是不肯就寝的。最近经常放在他手边的几部书是《丹铅总录》《六如画谱》《五杂俎》等。

大千居士在艺事上一直以上智而做下愚的努力，如何能不成功呢？

# 他美化了有情世界

—— 怀念大千先生

听到大千先生病危的消息，我不由得在心底狂呼："老天，让他活下去，让他活下去！"

奇迹并没有出现，经过三个星期的昏迷不醒，四月二日上午八点，随着心跳越来越微弱，一辈子爱热闹的老人家还是寂然地走了。

怀着空茫的心情，进入了摩耶精舍临时设置的灵堂前祭拜，一抬眼凝视墙上的巨幅照片，只见他手拈白髯，身着黄色绸袍，意态潇洒地微笑着；恍惚间，我似乎看到他从画面里走了出来，又像往昔一样自得地拄着拐杖，在画室和长廊间走动起来，这一刻，热泪忍不住奔流！

大千先生一生，世人多看见他在艺事上超凡入圣的伟大成就，我却在他身上看到一个无所不在的"情"字。

回忆刚入大风堂之初，慑于他的盛名，我秉着"多观察，不开口"的原则，总默默地看老人家如何行事做人。那时我对他的了解还不深，有一次接到一封自称是他老友的海外来信，大意是：大千先生早些年送他许多画，他都陆陆续续变卖花用一空，自己荒唐日子过惯了，思及困顿半生，颇想在暮年往欧美一游散散心，因此要大千先生再送他几张画以壮行色云云。我看了信，直觉得这个人简直无赖，怎么好意思提出这样的要求？我以为大千先生听了一定会不高兴，至少也会觉得此人无聊。然而这些不快的感觉只是我这"念信人"的，"受信人"大千先生脸上一点异色也没有，而且很谅解地说："某某人是吧？好好好，我会替他画的。"这真是大出我的意料，等到日子长久了，才知道原来在他心目中，并没有利害轻重啊，得失分寸啊这些俗念。在他的宇宙中，"情义"是个最单纯的信仰。

　　第一次看到他垂泪是在提到向老伯的时候。向老伯是曾农髯的好友，那时大千先生不过二十出头，正拜在曾熙门下学艺。向老伯慧眼识英雄告诉曾熙说："你的上千门生当中，我看就只有这个张季爰将来会出头，你自己倒未必会传。"这句话给了年轻的艺术家莫大的鼓舞，所以令他感念一生。

　　大千先生在谈到先师曾农髯是遗腹子，出生时家贫屋破，太师母产后抓雪充饥的情景时，又是泪涟涟地真情流露；谈起先师李梅庵好吃大肉，常常到"小有天"去过瘾时，两眼不自禁地流露出孺慕的神采。

　　以前我常不理解，为什么别人拿一些历史上名家的假画来让他鉴定，他总说真呢？就连拿借他之名作的假画来给他过目，他不但承认，还努力地为那不怎么佳的画幅涂涂改改，我当时觉得他真是一点是非观也没有。后来才体会到他的苦心，是看人家花了大价钱，不忍让人家伤心啊！他只希望人家欢欢喜喜地出门，不要失望懊恼。也许对他这个看透世情的大画师而言，

张大千，《曾农髯像》，1930 年

画的真假实在是不重要的，拥有它的人自认为真也就真了。文征明对于想买卖书画而拿给他鉴定的人一概说真，因为"要卖画的人一定是因家贫，而想买画的人一定是手头上有两个钱"，前者可以助人，后者无伤大雅，所以一概不假。

大千先生没有文征明那套理论，但是"情"是他一以贯之的哲学，而且他又是那么尊重和热爱那个属于中国的"重人情，轻是非"传统，我们怎能以今天西方"真理重于一切"的标准来苛责他呢？

在外人看来，大千先生是荣华一生，却不知实际上他劳碌了一辈子。

几十年来，他一向以强人的姿态负担起一家几十口的生活，他欣然地这么做，常常自比辛勤工作的老牛。为的是骨肉之间的这份情。近年来，大陆逐渐开放，儿女子侄都想出来，即使不出来，旅游一趟的心愿不能不满足他们。

"……千数百年绘事，至清季而益衰，吾兄大千居士始以石公风格，力挽颓风，大笔如椽，元气淋漓，影响及于域外……世论吾兄起衰之功，为五百年所仅见，余则以为整齐百家，集其大成，历观画史，殆无第二人……"

台静农先生的这段文章使我在大千居士八十初度那天，听到了老人内心的独白。

当时他正患病躺在中心诊所休养。来探望他的人络绎不绝，花篮摆满了病房，热闹极了。等到一个比较静寂的空档，我念了一会儿台先生为他撰的"八十寿序"给他听，他忽然神色落寞地说："我实在惭愧得很，平日画的都是别人要我画的，其实那些画都不是我内心真正想画的。"虽然他的脸色很快就恢复了常态，我听了却是心头一震，久久不能自已。

他晚年移居国内，是为自己的心灵找寻一份归属；但我知道，他心底有个更大的愿望，就是希望在有生之年，能在不为生活发愁的情况下，画几幅真正令自己满意的传世之作。可是他既不能摆脱既有的生活形态，也不能息交绝游，于是只有日日在矛盾中过活。我相信他心中一定是相当痛苦的，生而为人，我们总只能过小部分自己想过的生活，生命中的大部分都由不得我们自己选择，而大千先生对这点感受得比谁都深刻。我常能感觉到他"身不由己"的无奈，他只是说不出口罢了。在他去世前，总算完成了一幅《庐山图》，可是他心中的那幅《庐山图》却还没有完工，我真希望他不是抱憾而去的。

在大风堂的熏陶和大千先生的教诲下，我对中国艺术的了解如涓滴汇流，渐渐地我有越来越多的问题要请他释疑，近来每次上摩耶精舍向他请益，他总"四两拨千斤"地把我一些苦思不解的问题答复得叫人心服口服。别人"小扣小鸣，大扣大鸣"。可是我的"小扣"却总换来"大鸣"的收获，我每问一个小问题，他却答得既繁复又生动，目迷五色的谈笑中，是一片落英缤纷，在他的描述下，古人不再是书本上僵硬的名字，而像你我的朋友一样亲切可喜。

在他入院的前几日我去看他，那天早上他正在楼上作画，我跑上楼去，他亲切地和我打招呼，并殷殷问及我的近况；其实每次见到他，我心底对他也有许多关怀的话语，但是真恨自己一见了面，却又变得木讷起来，不知怎么表达。

后来我们谈《庐山图》，谈蓝瑛在中国画史上的地位，以及抽象画的问题。谈得兴起，他索性放下手边的梅花不画了，专心地摆起龙门阵来。

因为他曾说过，抽象画是由繁入简的一种过程，对一个画家而言，具象的路子走完了难免会走入抽象；于是我问他：如果抽象的路子也走完了怎么办？如果一味抽象不也是另一种僵化吗？他沉吟了一会儿，忽然开了自己一个玩笑说："你倒把我问倒了哩！哎呀！抽象画这个东西，不能不懂，我们就算不懂也得装懂啊！"这就是他的可爱之处，永远童心未泯，从不摆说教面孔。

后来因为午餐时间到了，我们没有再谈下去，如果话题继续，我会问他：齐白石说画家"画得太像是媚世，画得完全不像是欺世"，他的看法如何？也想请他把自己的《庐山图》和画史上著名的荆浩《匡庐图》、沈周《庐山高图》等比较一下。相信他又会滔滔不绝，从画家、艺术品本身和审美、经验、掌故等各个角度出发，讲成一篇如错彩镂金的七宝楼台，丰富我的听觉和思想，谁知这些愿望竟永远落空了。

近来每次见他，都觉得自己越来越能了解他的心灵。谈话时，一老一小，其乐融融，我只感到他的神态一回比一回慈祥，却没有惊觉，为什么他的言谈笑语渐渐失去了往昔的豪气和自负？我总以为他是太累了，却从没想过他会倒下去。在我的心目中，他是一个艺术不朽的化身和象征，至少该活到九十几岁啊！

有一回看完《凡·高传》，深深为凡·高对艺术的执着不悔所触动；一面思索着：似乎从来没有人探索过我们中国画家的内心世界是怎么样的。难道中国画家从魏晋隋唐演进到近代，永远就只停留在"写胸中逸气"和文人遣兴这个层面上？历史上的中国大画家他们是怎么思想的？他们的心理活动是怎么样的？为什么从来没有人做过深入的探求工作？像大千先生这样一个衔接传统与现代、集中国文人画和职业画传统于一身、一生画风历经三变的艺坛巨人，他的内心世界该是浩瀚如海洋、巍峨如山岳，充满着气象万千的面貌和瞬息万变的风姿；他经常为经营心中的一丘一壑而苦思得晚上睡不着觉，白天还念念有词的，我知道他心中另有一番天地。追随他的日子愈久，了解他愈深，愈觉有必要探索他这个不为人所知的内心世界。可是此生我已永远无法实现这个梦想，思及此，内心顿时升起一股深深的悲哀。

在他陷入昏迷的日子里，敬爱他的朋友们，日日夜夜在荣总的加护病房外徘徊不去，希望众人的发愿能让老天"收回成命"。摩耶精舍顿时变得空空旷旷的，对他的朋友而言，摩耶精舍是因他才有意义的，如果没有了他这个照耀万物、吸引各个行星的太阳，摩耶精舍只是个名词而已。

他的故去，不仅代表一个时代的结束，为诗书画三绝的传统打了一个句点而已，在他的朋友心目中，他的存在，为他周围的人创造了一个人世间再难一见的华丽欢乐场面，不只是好吃好听好玩而已；他的豪情笑语点缀了寂寥的人生，他的艺术造诣使得平凡的世间变得庄严高华，我们遂无视于外在世界的倾颓，只是尽情地享受眼前繁华如花雨的时刻。而今，一切尽皆散去。

　　他的一生，是传奇和平凡的结合，是浪漫与古典的交融。传奇的是他的天纵英才，如狂飙英雄在长空掠过，以一支彩笔为世间留下眩人的画幅；平凡的是他和常人一样，一生为情所牵——对这个世界一往情深。他的为情出世，做了百日和尚，还俗后，又重入红尘再结情缘，他的劫富济贫（他自称用画骗富人的钱，然后济助穷朋友），充满浪漫的色彩；然而他的入于传统，一生奉传统为典则又纯粹是古典的风范。我们所感到悲伤的，不仅是一代风流蕴藉随风而逝的怅然，更有斯人一去，有情世界从此寂寞下来之痛。然而，就他而言，也许只是还完了人世间的情债，因此便潇潇洒洒地走了！

# 千秋万岁名，寂寞身后事

看了高阳先生《摩耶精舍的喜丧》，有许多话郁积在心，深觉不吐不快。

首先他在文中说："大千先生能有如此瑰丽璀璨的生活，最大的秘密是他有他的'术'……此'术'殊不易到。……大千先生是个非常好胜争名的人……这就非有一套过人之术不可。其用心之深之苦，看看《红楼梦》中的王熙凤，可以想象一二。"

高阳先生所说之"术"，若是指艺术之术、学术之术、心术之术，大千先生都可以得满分，可是若把这个"术"和王熙凤连在一起，那就不知从何说起。王熙凤在荣国府中，大家都知道她胸无点墨，心里却"少说有一万个心眼子"，幼时即杀伐决断，说得好听点，是个不学有术的聪明人；说得难听点，她计害尤二姐，毒设相思局处死贾瑞，以及平日的重利盘剥，说她作风阴险狠毒亦不为过。

这种角色，和大千先生的宅心仁厚、感情丰富、处处为人设想，唯恐伤害别人的菩萨心肠相比，岂仅是霄壤云泥之别而已！

　　当然，了解大千先生的朋友都承认，他非常会"做人"，也因此获得朋友们发自内心的感佩。然而我们要研究他的会"做人"之道必须从他的出身环境和背景去了解；断不可以世俗之心度君子之腹，认为其中必有什么"过人之术"和"王熙凤式的用心"才有以致之。

　　大千先生在十七岁那年，假期回乡途中曾被四川土匪绑架一百天。在这一百天当中，他曾跟了好几股土匪共同生活，还曾被迫和土匪一起去抢劫，其中一个土匪头儿老康对大千先生特别照顾，不但爱惜他这位"师爷"的才华，还几度救了他的命，大千先生对老康的义气终生难忘。

　　这一百天的"强盗"生涯对大千先生日后的影响是非常大的。我们不但常听他在开玩笑时引用四川袍哥和棒老二（土匪）的术语，相信强盗之间共患难的义气以及另一种道德尺度，和往后大千居士的为人豪迈不羁、通达大度、视金钱如粪土的作风也不无关系吧！

　　后来大千居士又拜在曾、李二师门下学艺。让大千先生见识到了真正的大家风范并学到了许多传统的规矩和礼法。记得大千先生对我提过曾农髯曾拿了一笔本来预备为师母做生日的钱，来替他这个门生还债，说到这里，老人甚至掩面而泣。

　　李梅庵对大千先生亦是从艺事的倾囊相授到生活的照顾，无微不至的；同时与曾、李二师交游者，多是前清遗老和艺林巨子，像沈寐叟就是其中之一。大千先生从两位老师那儿看到的为人和艺事的水准都是一流的，当然指引了他日后为人处事样样要从第一流去取法；两位老师对他的关爱之情也在他的心中播下"爱的种子",使他以后便以这股绵绵不绝的爱心对待他自己的门生、子侄辈和朋友。

从师必须"取法乎上"使我想到一个例子。大风堂的门下有一位门生原是在别处学画的,本来他的画格调不高,但是进了大风堂以后居然"脱尽俗气"(大千先生语),而且临摹起大千先生的画,居然能让人猛一看以为是大千居士之作,这固然是他日日下功夫所致,但是这说明了一个人接触的眼界和水准亦是很重要的。一个没有见识过艺术品的人,如果你带领他到大风堂去,他心中自然会以那儿的书画作为一个标准,眼界自然就高了;如果他日日所见的,是以某些古董铺卖的观光国画为艺术品的家庭,那他的眼界和水准如何高得起来?

我这么说,不外是要解释大千先生所以能够在做人方面有一流的火候,和他传奇性的际遇以及拜了一流的名师、和一流人物交游有关,因而造就了他传奇性的人格,培养了他过人的气度,但不是"术"。

大千居士早年,为人豪迈不羁,但是艺事成就还正在窜起的阶段,因此或许会给人做人有"术"的印象;但是在他的晚年,他的伟大艺事造诣已和他一流的为人处事心胸合而为一,是那么的自然融洽,没有丝毫斧凿的痕迹。若是现在还以他早年一些成名的传奇性故事为例,说他以"术"干名,这种观察实在是失之主观,论断也欠公允。

再说高阳先生形容大千先生:"关于早年摹造假画一事,言谈间看似洒脱,其实耿耿于怀,不知身后如何为人资作口实,恣意嘲弄。及至'文会图'一重公案出,是非欲辩不可;艺文界不无微言，是则一时之名，亦虞受损，遑论千古。心情抑郁可知。"这一段话与我所知的事实也有很大的出入。

就我的了解，大千先生从来没有隐瞒过自己早年造假画的事，他不但常常在朋友面前露一手，表演仿"大涤子济""清湘老人济""杭人金农"签名式的绝活；更有一回，一位友人带了一本石涛的册页来，说收藏者表示这是他们家收藏三世的珍品，要卖三万美金，不过一位知名的艺评家却认为其中有两张是假的。只见大千先生瞄了一眼道："怎么会有三世？我还没死哩！"原来里头每一张都是大千先生的作品，他说此话时，那份豪气和自信，真令人叹服绝倒，并没有畏首畏尾的意味。

大千先生也从不讳言自己以前作的假画公然在世界各大博物馆陈列，一张是大英博物馆的巨然的画，一张是瑞典博物馆的梁风子（楷）画猿，一张是夏威夷博物馆的梁风子《睡猿图》。大千先生说，这些画都是经过国际专家审定，共同签字以后买去的。大千先生告诉我这些例子，为的是要我了解，中国书画是一门靠灵性来感受和判断的学问，经科学仪器鉴定以后一致公认的古画，却出自大千居士之手，这不是太荒谬了吗？

大千居士还对我说，他并不在乎这些事宣扬出去，大有好汉做事好汉当的意味，只是怕那些专家们面子不好看。这点我很了解，许多事他都是为了维持别人的颜面而不便说破。至于大千先生所以会造假画，也有其来历和原因。

大千先生唤作三老师的李梅庵的兄弟李筠庵，就经常造假画，耳濡目染之下，大千先生大概从他那儿学到不少本事，可能也不以此为不道德之事。

张大千，《巨然茂林叠嶂图》，约 1951 年

张大千，《梁楷睡猿图》，约 1934 年

　　我们可以想象，天才横溢的大千居士，在他的青年时代，起先是以游戏的态度画了一幅仿石涛之作，没想到竟让鉴赏石涛的专家黄宾虹看走了眼，接着让以收藏石涛知名的罗振玉也上了当。这当然激起了他的兴趣和豪情，也鼓舞了他的信心，他就以玩世的态度画了许多仿石涛之作，更画了许多他自己写景、造境、题款、全无模本的精彩"石涛"。论者以为，以技巧、才情而言，有的不但不逊于石涛，抑且在其道济之上。

　　大千先生后来从石涛变化而出，力追古人，从王维而下荆关董巨，莫不寻其源流，收诸腕底；又西去敦煌三年，将前贤所梦想不及的六朝隋唐艺术宝藏，亲历而观摩之，吸取敦煌壁画中刚健有力的线条、浓丽的色彩以及高古的思想；晚年因目疾故自开泼墨一法，将中国山水画带入一全新的境界，真是手辟鸿蒙，直与造物者游。今天大千先生在中国画史上的地位不但是融会前贤精微的"五百年来一大千"，也是衔接传统与现代，为千余年来中国艺术继往开来的昂然一巨匠。他早年的画假石涛不过是个绝顶天才的游戏之作，实在是小瑕不掩大瑜，无减他艺术大师的不朽声名。以居士对世情的通达和透彻，也绝无为此耿耿于怀、抑郁不已之理，如果真这样，张大千就失其所以为张大千了。

　　关于"文会图"之事，大千先生真正担心的是那张仿作的原作者的声名，因为他一向怕伤害别人。他自己对这些真真假假，经过几十年的历练，早就能淡然处之了。

　　至于高阳先生说"大千先生在昏迷之际，如偶尔有片时清醒，首先想到的，必是他的艺术生命，从此再无超越的可能；

只要这样一转念,生趣顿绝。就此意义而言,大千先生之死,与海明威的自杀,可以相提并论",则此言更左矣。

首先,将大千先生与海明威并列,就是一个令人难以同意的比拟。他们俩的精神状态、创作生命、心灵内涵都是大异其趣的。

海明威的小说以反映第一次世界大战后欧美"失落的一代"知名,他描写的人物往往以一个坍塌的宇宙和人生的虚无为背景,研究海明威作品的人认为海明威的整个世界内暗含着虚无幻灭和一无所有的空洞。这是他作品中的悲剧性和艺术性所在;而对海氏而言,人如其文是可以成立的;他的自杀亦是真正体察了生命的虚无,而以他作品中常描写的狂暴式行动——举枪自戕,结束了他认为已不足以延续其艺术创作力的生命。

大千先生则反是。既然高阳先生也一再提到,大千先生的思想意识、伦理道德观念、爱憎好恶、生活方式、艺术修养与境界,无一不是属于中国传统的,他入于传统既深,生命对他而言,是一种责任,是一种"纵浪大化中"自然又可喜的存在,他的艺术与生命原是合而为一的。他曾坦然地说过,他的画笔不会停,他会一直画到死的那天。所以,对他来说,完全没有什么艺术生命难以为继,或艺术创造和生命本身冲突的问题。我们中国人的最高境界是"和谐",许多历史上的山水画家又往往得享高龄,便是因为冥冥中心灵与造化合而为一,达到两相不违的怡然之境,哪里会有以外力来终止生命的道理呢?

况且大千先生曾对我感叹道,作为一个中国画家,一定要"有名、有年"。他说,有名的话,别人才会珍藏你的作品;无名的话，即使当代有人识货把你的画挂起来，后人也不会善加珍视，等年深日久，画幅自然就脏了旧了，又不知为何人所作，自然更不受人重视。

至于"有年"，他举陈寅恪之兄陈衡恪为例。衡恪才气纵横，一出道就光芒四射，所绘画幅格调极高，未来不可限量，可惜天不假年，如流星一闪而逝，终未能成为一代大家。这就是因为他没有"年"。而齐白石则刚刚相反。齐白石是在听了陈师曾（衡恪）建议重用洋红，菊花绘红色、叶子绘黑色，形成强烈对比以后，才愈来愈出名。齐白石若死于六十岁以前，那么终其一生，他也只是一个没有什么名气的乡下画家；然而齐白石活了九十六岁，在他晚年之后，越来越得到世人力捧，他的声誉乃更隆。

我们所为大千先生悲的，是上天为什么不把对齐白石的眷顾也加诸他身上，让他再多活几年呢？只要他有"年"，他的创作力便永不终止。他的巍巍此山、杳无一人的《庐山图》已是划时代的伟构，而他在死前，犹在画桌上铺上丈二匹的画纸，尝试以小跑步的姿态，一口气画下一根根直挺挺的荷杆；而他胸中的黄山图正待酝酿成形（他早年曾开辟路径，到黄山去看云，又曾以"清末四僧"的风格绘黄山各景），晚年再写此山，风格与内容的雄奇壮美，必然更胜前时，这是可以想见的。明乎此，怎能说"他的艺术生命，再无超越的可能"？怎能说"与海明威的自杀，可以相提并论"这样的话。

以上这些话，若是大千先生听到，一定会一笑置之。因为我了解，他到了晚年，修养实已进入化境，笑骂毁誉由人，并不挂在心上，有时朋友们为别人骂他而不平，他却总是淡淡一笑。当然以他在画坛的地位，任何褒贬都无增损于他光芒万丈的形象，又何必知道这些事，徒乱人意呢？

　　高阳先生说写大千先生的传记，是他私底下的愿望之一。高阳先生又说，他因为想写传记，所以为了下笔谨慎，必须保持超然冷静的立场，因此不做摩耶精舍的座上客，以便保持距离；可是看了高阳先生的大文，我想指出，高阳先生的话固然不错，可是我希望他所谓的距离是一份对大千先生的人格和心灵有了深刻的了解以后而"入乎其内、再出乎其外"的距离，而非隔阂，哪怕是少许。

# 豪放中的温柔

文学史上，我们因着苏东坡的出现，而有了豪放的典型；艺术史上，我们却迟迟不见这样的典型，直到我们有了张大千这颗耀眼的明星。

豪放是艺术和文学上的一种风格，更是艺术家才性之宽度与广度的展现。

因"乌台诗案"而被贬黄州的那年，苏东坡四十四岁。经历这场险恶的政治斗争，东坡先生的艺术生命并不因之消歇枯萎，反而在万里投荒的坎坷折磨中，以无所不适的胸襟面对这股生命的逆流，他的才情经此试炼得到升华，终于焕发出更为圆融夺目的光彩，"寄妙理于豪放"的文学风格于焉产生。

大千先生怀着对艺术的狂热与苦行僧式的决心走向茫茫的大漠时，正值盛年的四十三岁。他的艺术风格成熟于敦煌的朝圣之旅以后，经此洗礼，他终于跳脱出明清以来国画的困局，原来躁动不安的线条沉淀下来，变得精纯而有浑厚的骨力；原来淡雅秀逸的色泽，变得浓烈瑰奇，原来在尺幅条屏中打转的眼界，变得有了大制作式的宏观！

　　自五代、北宋以来，我们的画家日益耽于单一墨色的美感，国画逐渐步入无色世界，即便有色彩，也是单薄的浅绛和稀释的花青、藤黄、洋红之类。形式上由卷轴而入斗方、扇面、册页，格局日趋狭小。从赵孟頫到董其昌和无数他们的追随者，都在那小小的一方天地里，或清雅或抒情地追求那点笔墨的变化与趣味，终于走入一条越来越窄的路，再也不能重现唐画的雄伟庄严、宋画的千岩万壑。看见了张大千临摹的敦煌壁画，我们才知道在唐代的艺术中，色彩竟然可以如此地炽热张狂，人和神的造型可以如此有血有肉！

　　于是，如何把传统士大夫之间相濡以沫的"小众艺术"，扩充为色彩形式宜于公众场所展示，现代社会中人人得而享之的"大众艺术"，画家如何由旧时代中讲求即兴、墨戏和神来之笔的文人态度转型成专业的、执着的，甚至充满企图心的现代艺术家，成了二十世纪中国画家所面临的最大挑战。眼看，国画即将面临左支右绌的困窘，眼看明清以来日益荏弱的一息命脉就要难以为继，传统遂成了一项难以传承的重。这时，人们很自然地把眼光转向国外，希冀那些留学西洋或东洋的画家能为国画注入现代性、世界性的活水。不意，这项艰巨的任务竟由一个根植于传统最深的国画家完成了，而且他把十九世纪那页书翻至二十世纪时，完成的动作是多么漂亮！

　　我们不妨先看大千先生的荷花。那幅长度有两个大汉高的《四轴连屏大墨荷》，绘于他从敦煌归来后的盛年。历史上大概从来不曾有过任何一个画家梦想过能以这样史诗般的气魄来处理花卉吧。明代的陈淳曾画过一个很长的荷花手卷，其中包含荷花的

各种姿态和生长阶段，本已让爱荷的人叹为观止，但是它的长度
不过三十公分，而且基本上是由一连串小品联系而成。当我们的
目光不断地随之游移，赏爱其清新动人之际，却不会有观《四轴
连屏大墨荷》时那一刹那的惊心动魄，因为后者一亮相，便以统
摄全局的气势向人席卷而来。我们可以想象，画家必须克服种种
困难与不便，比如说，在巨大的空间内构图如何还能维持紧凑不
坠、笔墨还能不见松弛和懈笔。只见在横扫千军的笔池墨海中，
有巨大的能量在燃烧；在如椽巨笔刷下的荷叶中，在巍然矗立的
荷茎中，生命的激情四射。这和我们看到传统画家优雅的姿势多
么迥异，这种毫无保留的倾泻，如果用我们往昔所熟悉的所谓水
墨淋漓、挥洒自如那样的语来形容便再也不够。

　　对大千先生而言，这或许只是他个人艺术生命的进程，但
从历史的角度来看，他却在关键性的一刻，利落地在二十世纪

张大千，《四轴连屏大墨荷》，1945 年

把国画带入新的境界。他做到了一件传统画家从未做过的事。中国传统画家风格的诞生和改变往往是经过长时间的酝酿以后而水到渠成，或于无意中得之的，但是像他这样主动向自我挑战、力求突破，而且肯于冒险尝试的大开辟精神，毋宁是非常现代的，其实更接近西方艺术家的精神！

《四轴连屏大墨荷》奠定了大千先生吞吐大荒的基础，但是艺术成就更高的，却是二十年后的另一卷名唤《水殿暗香》的墨荷手卷。早先还依稀可辨的八大渴笔荷叶、石涛的重勾花瓣如今都消化得浑然无迹。原先荷花所夸示的强悍生命力，如果还有些刻意，如果还有些不服输，那是中年的心情；如今荷花却代言着无不如意的老境，和苏东坡的书法一样，墨色时而饱涨时而枯索，浓淡干湿交替着美妙的节奏，荷花欹侧错落、自在抒情，荷叶离披偃仰、老辣狂野，大笔挥霍的是行所当行的自信，奔腾就下的是势不可遏的自由。

钱选的荷花是静谧幽独的，徐渭的荷花是酣畅淋漓的，恽南田的荷花是清新雅致的，大千居士的荷花则是豪情万丈的。

大千先生一生仰慕苏东坡，不知是否因为两人都出自"我家江水初发源"的四川。他不仅一生乌帽紫裘，仪型似东坡，他的一些意境洒脱、气魄恢宏的诗句也不时让人联想到东坡居士。苏东坡游历西湖时，目睹一场疾风骤雨，因而写下这样的诗句："黑云翻墨未遮山，白雨跳珠乱入船。卷地风来忽吹散，望湖楼下水如天。"和此呼应的是大千居士的："老夫夜半清兴发。惊起妻儿睡梦间，翻倒墨池收不住，夏云涌出一天山。"

本身也是画家的苏东坡用泼翻的墨汁形容山雨欲来、乌云密布之势，而大千先生泼倒的墨汁则非来自大自然，而系来自他的画布。苏东坡用鲜活的语汇写尽了大自然的神奇，一阵来得快去无踪的风暴走后，只见湖上仍是平静的水天一色，人生的风暴大约也是如此吧。大千居士则用同样生动的语言、流畅的节奏，写自己艺术创作过程中灵感来袭时，一发不可收之势，尤其墨池翻倒以后，竟尔在变幻的夏云中，忽地涌现出一天山，真令人有惊喜的效果，画家笔下神奇的再造之功实不逊于大自然。

豪放是一种生命属性，也是人生经过历练以后的胸襟怀抱。

苏东坡一生不断地被放逐，先有黄州，继有惠州、儋州，他的流放，出于十一世纪持续不断的新旧党政争；大千先生之自我放逐，和频频迁徙的个人命运，则反映出近代中国之战乱与动荡。回顾他的一生，先为躲避日寇而辗转于北平、上海、香港、桂林之间。继而于1949年后又不断侨居中国香港、中国台湾、印度大吉岭各地，后来更远走南美、北美，先后定居阿根廷、巴西与美国。苏氏与张氏，不管出于被迫抑或是无奈，两位千古难遇的艺术家，却都把知识分子浪迹天涯的心情，化为追求他们心目中桃花源的过程。

黄州不过是长江边上的一个贫穷破落的小镇，苏东坡过的则是物质极度困乏的务农生活。但是阅读东坡居士的诗句，会让人以为黄州美得像天堂，他在诗里称赞该地幽绝的风景，春夏秋冬像四张美丽的图画。最后他甚至发出惊人之语："桃花流水在人世，武陵岂必皆神仙！"原来他终于找到心目中的桃花源，不在仙境而在人间，而且就在这穷乡僻壤的黄州，于是读者得到的启示是：如果黄州可以是桃源，那么天下何处不可

以是桃源呢？——如果我们也都有苏东坡那样不羁的想象力和
"不以物喜、不以己悲"的人生哲学的话。

东坡在黄州先住江边简陋的"临皋亭"，每日得观风涛烟雨，
他固然随遇而安，然后在东坡农场上自造"雪堂"安定下来，他
更心满意足，夫复何求。大千居士则为找寻心中那块乐土，不惜
万里投荒，情节比东坡居士要曲折得多。他中岁远走阿根廷，且
喜该处风物皆美，便赁居于"昵燕楼"，旋踵又于巴西找到一处
极似家乡成都平原的农庄，遂大肆造园辟为"八德园"，这下他
似乎终于找到一个世外桃源，可以终老此间了，可是这所他投入
毕生财力、无数心血的乐园终究又被迫放弃。此时北加州海岸巨

张大千，《水殿暗香》，1962 年

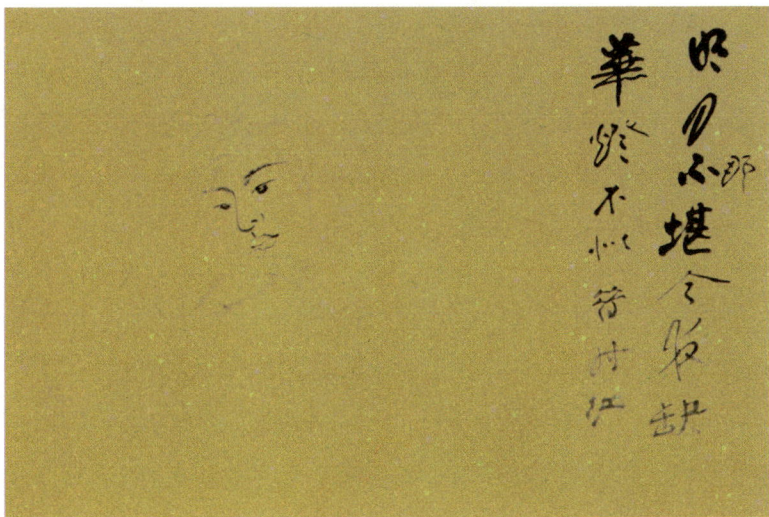

张大千，《画稿》，约 1982 年

松奇石的景观深深吸引住他，晚年他又不厌其烦地在此经营"可以居"和"环荜庵"，本以为在那浪涛拍击、卷起千堆雪的巨岩尽头，或许潜藏着一个隐秘不为人所知的桃花源吧。谁料衰年终敌不过乡心袭击，他还是"看山须看故山青"，决心归老台湾，于是又转移阵地，毫不气馁地在外双溪再度规划了"摩耶精舍"，并如其所愿，身后长眠于外双溪畔由其亲手自营之梅丘。

　　大千居士这一生不断寻寻觅觅，追求他心目中理想的桃花源，究竟找着了没有？巴西时期，在这个距离一切近代中国战乱与丑恶的最遥远的地方，他却患着难以治疗的思乡抑郁症。在一首首犹如自剖的诗句中，读者可以感受到他刻骨的寂寞与锥心的痛楚："乞食投荒谁解得，乘桴浮海海扬尘""万里故人频入梦，挂帆何日是归年""十年故旧凋零尽，独立斜阳更望谁"。在一幅狂涂的山水册页上，他更沉痛地写下"世已无桃源，扁舟空何往"，语气比他年轻时题石涛《桃源图》卷"扁舟欲何往"时的迷惘情绪，似乎更为透彻地宣告桃花源之落空！

晚年迁台以后，他更在一幅泼彩的《桃源图》上，半戏谑半自嘲地题道，自他结宅外双溪后，便有人错传"人境有桃源"，于是争相来与他做邻居，原以为摩耶精舍颇有世外桃源之致的朋友，此时也不禁问他："君欲避喧，其可得乎？相与大笑。"看来大千先生此生对于桃花源的追求是一再破灭了。

比较起来，苏东坡是豁达的。不但黄州，即便被流放到更偏僻的海南，他都能"海南万里真吾乡"，可见他是真把瘴疠地当成桃花源看待的。大千先生则是执着的，他明知不可为而为地不断追求着桃花源，虽然现实生活中的桃花源，会使人"寻向所志，遂迷不复得路"，但是他却把一生对桃花源的向往化成伟大的山水造境。

不管是粗豪率意的简笔山色，还是泼墨泼彩的幽深苍郁，远处空谷之中、高山之巅，有衡宇相望，近处溪水潺湲，有扁舟一叶游移。山际水湄，令人想象出老树红叶、落英缤纷的幻影，即便在更为抽象的大块噫嘘流动变幻中，不但有色彩光影的神奇斑斓，里面也有自陶渊明以来，所有读书人在山水中所投射的梦想——不管外面的世界多么喧嚣尘垢，江山却依然清空有灵，永远提供一个仿佛若有光的秘密入口，让人得以乘坐想象中的那叶扁舟缓缓驶入其内，和造物者游。

如果苏东坡仅能豪放，或许还不会得到后人如此的衷心爱戴；他之可爱，难道不是因为他在汪洋恣肆之外，还有更动人的缠绵往复的情怀？大千先生亦复如此，气势磅礴的山水并非

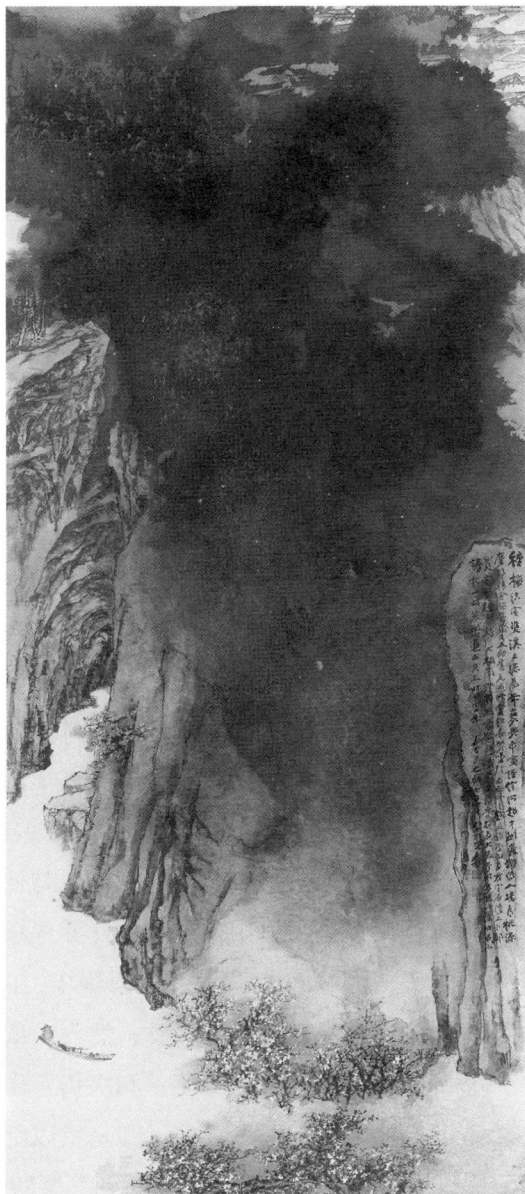

张大千，《桃源图》，1983 年
题识："种梅结宅双溪上，总
为年衰畏市喧；谁信阿超才到
处；错传人境有桃源，摩耶精舍
梅甚盛。二三朋旧见过吟赏，欢
喜赞叹，引为世外之欢，且谓予
曰：自君定居溪上，卜邻买宅种
花，且曾鸡犬相闻，灯相照，君
欲避喧，其可得乎？相与大笑，
予时方作此图，口拈小诗记一
时笑乐，遂书其上。时七十一
年(壬戌)嘉平月之初七日写，
八十四叟爰。"

他艺术风格的全部，观看他盛年所作的"仕女图"，方知他心思之纤细绵密与感情之浪漫多彩。

在一张张或古典，或现代，或楚楚动人，或姿态撩人的美女画中，我们看到他对仕女的发型、服装、色泽、图案的苦心经营，实不亚于对山水之构思。而于美人手势、眼神的着墨，与对情韵、风致的捕捉，更见其细腻情思。在遥寄远人的一张古装仕女中，当观者读到画家以雄劲有力的字迹写道"肯说离别情味苦"时，心头不禁一震，原来，驱使画笔"愁画两眉长"的动力还是相思之苦。

大千居士尝说，他理想中的美人是"有林下风度，遗世而独立之姿"。而苏东坡曾描写一位擅吹笛的女子，先从她笛子所用的竹子说起"楚山修竹如云，异材秀出千林表"，连笛子所用之材都是楚山修竹中最挺秀、杰出、卓尔不群的一枝，其人可知。两人形容女性的品格，不落脂粉俗套，实属同一境界。

也是这样的秋天吧，当黄昏的雨声风声，当夜阑酒残的惆怅，牵动了艺术家最纤细的那根神经，他不期然地真情流泻，在起伏颤掣的墨痕里，诉说着温柔的诗句："明月那堪今夜缺，华灯不似昔时红。"一帧大千居士晚年手稿，让人遥想：在生命行将隐入温柔的夜色，他的寂寞与他的惘然。当时的他，目力不佳，草草写出约略可辨的仕女形象，断简残编中，是昔日之浪漫对照今日之萧索。秋雨飘零，山川寂寥，巨星虽然陨落，豪放的姿势，也渐渐消歇；然而，纸张上却分明跳动着对昨梦的憧憬，莫非画师暮年，胸次仍有未了之情？手中这帖不曾公开的艺术家的心影独白，却是借以纪念和研究大千先生的珍贵史料，摩挲谛视这再也得不到答案的片纸只字，不禁为之怔忡。

附录一

# 画　说

张大千

　　有人以为画画是很艰难的，又说要生来有绘画的天才，我觉得不然。我以为只要自己有兴趣，找到一条正路，又肯用功，自然而然就会成功的。从前的人说，"三分人事七分天"，这句话我却绝端反对。我以为应该反过来说，"七分人事三分天"才对，就是说任你天分如何好，不用功是不行的。世上所谓神童，大概到了成年以后就没没无闻了。这是什么缘故呢？只因大家一捧加之父母一宠，便忘乎其形，自以为了不起，从此再不用功。不进则退，你叫他如何得成功呢？在我个人的意思，要画画首先要从勾摹古人名迹入手，把线条练习好了，写字也是一样；要先习双钩，跟着便学习写生。写生首先要了解物理，观察物态，体会物情，必须要一写再写，写到没有错误为止。

　　在我的想象中，作画根本无中西之分，初学时如此，到最后达到最高境界也是如此。虽可能有点不同的地方，那是地域的、风俗的、习惯的以及工具的不同，在画面上才起了分别。

还有，用色的观点，西画是色与光不可分开来用的，色来衬光，光来显色，为表达物体的深度与立体，更用阴影来衬托。中国画是光与色分开来用的，需要用光时就用光，不需用时便撇了不用，至于阴阳向背全靠线条的起伏转折来表现，而水墨和写意，又为我国独特的画法，不画阴影。中国古代的艺术家，早认为阴影有妨画面的美，所以中国画传统下来，除以线条的起伏转折表现阴阳向背，又以色来衬托。这也好像近代的人像艺术摄影中的高白调，没有阴影，但也自然有立体与美的感觉，理论是一样的。近代西画趋向抽象，马蒂斯、毕加索都自己说是受了中国画的影响而改变的。我亲见了毕氏用毛笔水墨练习的中国画五册之多，每册约三四十页，且承他赠了一幅所画的西班牙牧神。所以我说中国画与西洋画，不应有太大距离的分别。一个人能将西画的长处融化到中国画里面来，看起来完全是国画的神韵，不留丝毫西画的外貌，这定要有绝顶聪明的天才同非常勤苦的用功，才能有此成就，稍一不慎，便走入魔道了。

中国画常常被不了解画的人批评说，没有透视。其实中国画何尝没有透视？它的透视是从四方上下各方面着取的，现在抽象画不过得其一斑。如古人所说的下面几句话，就是十足的透视抽象的理论。"远山无皴"，远山为何无皴呢？因为人的目力不能达到，就等于摄影过远，空气间有种雾层，自然看不见山上的脉络，当然用不着皴了。"远水无波"，江河远远望去，哪里还看见波纹呢？"远人无目"，也是一样的；距离远了，五官当然辨不清楚了，这是自然的道理。所谓透视，就是自然，不是死板板的。从前没有发明摄影，但是中国画理早已发明这些极合摄影的原理。何以见得呢？譬如画远的景物，色调一定是浅的，同时也是轻轻淡淡、模模糊糊的，这就是用来表现远的；如果画近景，楼台殿阁，就一定画得清清楚楚，色调深浓，一看就如到了跟前一样。石涛还有一种独特的技能，他有时反过来将近景画得模糊而虚，将远景画得清楚而实。这等于摄影机的焦点，对在远处，更像我们眼睛注视远方，近处就显得不清楚了。这是"最高"现代科学的物理透视，他能用在画上，而又能表现出来，真是了不起的。所以中国画的抽象，既合物理，而又要包含着美的因素。讲到以美为基点，表现的时候就该利用不同的角度，画家可以从每种角度，或从流动地位的眼光下，产生灵感，几方面的角度下，集成美的构图。这种理论，现代的人或已能明白，但古人中就有不懂得这个道理的。宋人沈存中就批评李成所画的楼阁，都是掀屋角。怎样叫掀屋角呢？他说从上向下的角度看起来，看到屋顶，就不会看到屋檐，李成的画，既具屋脊又见斗拱颇不合理。粗粗看来，这个道理好像是对的，仔细一想就知道不对了，因为画既以美为主点，李成用鸟瞰的方法，俯看到屋脊，并且拿飞动的角度仰而看到屋檐斗拱，就一刹那的印象，将脑中所留屋脊与屋檐的美感并合为一，于是就画出来了；况且中国建筑，屋脊的美、斗拱的美都是绝艺，非兼用俯仰的透视不能传其全貌啊。

画家便认为自身是上帝，有创造万物的特权本领。画中要它下雨就可以下雨，要出太阳就可以出太阳；造化在我手里，不为万物所驱使；这里缺少一个山峰，便加上一个山峰，那里该删去一堆乱石，就删去一堆乱石，心中有个神仙境界，就可以画出一个神仙境界。这就是科学家所谓的改造自然，也就是古人所说的"笔补造化天无功"。总之，画家可以在画中创造另一个天地，要如何去画，就如何去画，有时要表现现实，有时也不能太顾现实，这种取舍，全凭自己的思想。何以如此？简略地说，大抵画一种东西，不应当求太像，也不应当故意求不像；求它像，当然不如摄影，如求它不像，那又何必画它呢？所以一定要在像和不像之间，得到超物的天趣，方算是艺术。正是古人所谓遗貌取神，又等于说我笔底下所创造的新天地叫识者一看自然会辨认得出来；我看到真美的就画下来，不美的就抛弃了它。谈到真美，当然不单指物的形态，是要悟到物的神韵。这可引证王摩诘两段话，"画中有诗，诗中有画"。"画是无声的诗，诗是有声的画"，怎样能达到这个境界呢？就是说要意在笔先，心灵一触，就能跟着笔墨表露在纸上。所以说"形成于未画之先"，"神留于既画之后"。近代有极多物事，为古代所没有，并非都不能入画，只要用你的灵感与思想，不变更原理而得其神态，画得含有古意而又不落俗套，这就算艺术了。

作画要怎样才得精通？总括来讲，首重在勾勒，次则写生，其次才到写意。不论画花卉翎毛，山水所长，都应该采取，但每人笔触天生有不同的地方，故不可专学一人，又不可单就自己的笔路去追求，要凭理智聪慧来探取名作的精神又要能转变它。老师教学生也应当如此，告诉他绘画的方法，由他自去追求，不可叫他固守师法，然后立意创作，这样才可以成为独立的画家。所以唐宋人所传的作品，不要题款，给人一看就可知道这是某人的作品，看他片褚寸缣就可以代表他个人啊。

古人所谓"读万卷书行万里路"，这是什么意思呢？因为见闻广博，要从实地观察得来，不只单靠书本，两者要相辅而行的。名山大川，熟于心中，胸中有了丘壑，下笔自然有所依据。要经历得多才有所获，山水如此，其他花卉人物禽畜都是一样。

游历不但是绘画数据的源泉，并且可以窥探宇宙万物的全貌，养成广阔的心胸，所以行万里路是必需的。

一个成功的画家，画的技能已达到化境，也就没有固定的画法能够拘束他、限制他。所谓"俯拾万物"，"从心所欲"，画得熟练了，何必墨守成规呢？但初学的人，仍以循规蹈矩、按部就班为是。古人画人物，多数以渔樵耕读为对象，这是象征士大夫归隐后的清高生活，不是以这四种为谋生道路。后人不知此意，画得愁眉苦脸，大有靠此为生，孜孜为利的样子，全无精神寄托之意，岂不可笑！梅兰菊竹，各有身份，代表与者受者的风骨性格，又是花卉画法的祖宗，想不到现在竟成了陈言滥调！现在就我个人学画的经验略写几点在下面，与大家研究：

一、临摹：勾勒线条来求规矩法度。

二、写生：了解物理，观察物态，体会物情。

三、立意：人物，故实，山水，花卉，虽小景要有大寄托。

四、创境：自出新意，力去陈腐。

五、求雅：读书养性，摆脱尘俗。

六、求骨气，去废笔。

七、布局为次，气韵为先。

八、遗貌取神，不背原理。

九、笔放心闲，不得矜才使气。

十、揣摹（摩）前人要能脱胎换骨，不可因袭盗窃。

十一、传情记事：如写蔡琰归汉，杨妃病齿，溢浦秋风等图。

十二、大结构：如穆天子传，屈子离骚，唐文皇便桥会盟，郭汾阳单骑见虏等图。

# 张大千年谱

一八九九年　五月十日（夏历己亥年四月初一）傍晚生于四川
　　　　　　省内江县。

一九〇七年　由母、姐授画，习花卉。

一九一四年　就读重庆求精中学。

一九一六年　被强盗绑架，迫为首领之师爷，经百日始逃出。

一九一七年　与二哥善孖在日本京都学习绘画及染织艺术。

一九一九年　由日本返沪，投拜于曾熙门下。
　　　　　　在松江出家为僧，法号"大千"，但三个月后还俗。

一九二〇年　被兄长善孖带回四川与元配曾正蓉结婚。
　　　　　　用松江出家时法号，自号"大千居士"。
　　　　　　重返沪从名书法家李瑞清、曾熙习书法。李师瑞
　　　　　　清逝世。
　　　　　　结识宁波名门李薇庄之女李秋君。

一九二三年　与二哥善孖同住松江，学习及临仿石涛绘画。

一九二四年　父亲张怀忠逝世。

在上海参加"秋英会"雅集，崭露头角，并开始蓄须。

一九二五年　在上海"宁波同乡会"举行首次个人画展。

赴北京，住画家汪慎生家。

一九二六年　与金石家方介堪一见如故。

一九二七年　开始旅游国内名山大川，初上黄山。

游览朝鲜金刚山等名胜，结识韩女池春红。

一九二八年　在北京结识溥心畬。

一九二九年　任第一届全国美展干事会员。

与徐悲鸿、叶恭绰订交。

一九三〇年　曾师熙逝世。

一九三一年　二上黄山。

赴日本与兄善孖同任"唐宋元明，中国画展"代表。

一九三二年　全家移居于苏州网师园。

一九三三年　参加由徐悲鸿策划、于巴黎波蒙美术馆举行的"中国美术展览会"，其作品《荷花》为该美术馆购藏。

一九三四年　赴韩前夕，方地山在天津赠联。

赴北京，住颐和园听鹂馆。

纳杨宛君为三夫人。

于中山公园举办在北京首次个展。游华山，去日本。

一九三五年　于非闇提出"南张北溥"之说。

作品首次在英国伯灵顿美术馆展出。

一九三六年　三上黄山。

上海中华书局出版《张大千画集》，徐悲鸿作序。

母亲曾友贞逝世。

一九三七年　与黄君璧、方介堪、谢稚柳、于非暗等人游浙江雁荡山。

中日战起，于北京受日人软禁。

一九三八年　逃出日人势力回四川。

一九三九年　卜居成都青城山中，与黄君璧同游剑门、峨眉。

在重庆举行画展。

一九四〇年　二哥善孖逝世。

一九四一年　五月从成都动身前往敦煌，开始临摹壁画。

一九四二年　门人萧建初、友人谢稚柳赶来协助。

一九四三年　结束敦煌临摹工作，返回成都昭觉寺，在甘肃敦煌二年七个月共临摹壁画二百七十六幅。

一九四四年　先在成都展览敦煌作品，继于重庆展览，并出版《大风堂临摹敦煌壁画》二册。

一九四五年　抗战胜利，四屏大荷花完成，成都展览。

一九四六年　至北京购藏《韩熙载夜宴图》《潇湘图》《江堤晚景图》等名画。

在上海举行画展。

一九四七年　《张大千临摹敦煌壁画》（第一集）、《大千居士近作》（第一、二集）在上海出版。

与徐雯波女士结婚。

一九四八年　南游香港并举行画展。

一九四九年　旅游台湾并举行画展。

　　　　　　回成都接眷赴香港。

一九五〇年　赴印度新德里举行展览，留印度大吉岭年余，在
　　　　　　阿坚塔窟观摩印度壁画三个月。

一九五一年　暂回香港，举行画展。并赴台湾台中雾峰参观
　　　　　　"故宫博物院"藏书画

一九五二年　移居南美阿根廷门多萨，所居名曰"昵燕楼"。
　　　　　　在阿根廷首都布宜诺斯艾利斯举行画展。

一九五三年　首游美国纽约及波士顿。
　　　　　　游中国台湾及日本，留台湾时除在台北举行画展
　　　　　　外，再赴雾峰台中"故宫博物院"藏画处观画。
　　　　　　在日本时则购买书画用具，并结识日人山田女士。

一九五四年　在巴西圣保罗郊区摩诘山城兴建八德园，从此旅
　　　　　　居巴西十七年。

一九五五年　在东京出版《大风堂名迹》四册，并展出"张大
　　　　　　千书画展"，同年晤溥心畬于东京。
　　　　　　夫人曾正蓉将大千先生临摹敦煌壁画百余幅交付
　　　　　　四川省博物馆保存。

一九五六年　在东京举行"张大千临摹敦煌石窟壁画展览"。
　　　　　　同年首赴欧洲，在巴黎赛努奇博物馆举行临摹敦
　　　　　　煌壁画展，并在巴黎现代博物馆举行近作展。
　　　　　　在尼斯与毕加索晤面论画、互赠作品。

一九五七年　在八德园堆置假山时出力过甚，罹患目疾，赴美

就医。

一九五八年　以《秋海棠》一作在纽约国际艺术学会被公选为全世界伟大画家，赠予金牌奖。

一九五九年　游台湾横贯公路。

巴黎赛努奇博物馆成立永久性中国画展览，以十二幅作品参加开幕典礼。

周游欧亚，路经中国台湾、日本、法国、瑞典、瑞士、德国、西班牙等地区与国家。

一九六〇年　在巴黎、布鲁塞尔、雅典及马德里举行近作展。

一九六一年　在日内瓦举行近作展。

在巴黎举行巨幅《荷花通景屏》特展，后纽约现代博物馆购藏该幅荷花作品。

一九六二年　台北历史博物馆举办"张大千画展"，展出《青城山通景屏》等巨制。

香港大会堂落成，其博物馆举办"张大千画展"作为大会堂开幕首展。

一九六三年　在新加坡、吉隆坡、纽约举行画展。

在美国展出之巨幅《墨荷通景荷花》，以高价售予读者文摘社，创当时国画售价最高纪录。

一九六四年　在泰国、德国举行画展。

一九六五年　与王季迁同游瑞士、比利时、奥地利等国。在伦敦格罗斯唯诺画廊举行画展，因胆结石由伦敦飞往纽约就医。

一九六六年　在巴西、香港举行画展。

一九六七年　斯坦福大学博物馆展、加州卡米尔莱克美术馆展、
　　　　　　台北历史博物馆展。

一九六八年　在台北历史博物馆举行《长江万里图》特展。纽
　　　　　　约福兰克加禄美术馆展。芝加哥毛里美术馆展，
　　　　　　波士顿艾尔伯—兰敦美术馆展。
　　　　　　访问金门。中国文化学院授赠荣誉博士学位。
　　　　　　在美国普林斯顿大学发表有关中国艺术的演讲。

一九六九年　将六十二件敦煌壁画临本捐赠台北故宫博物院，
　　　　　　并举行特展。
　　　　　　洛杉矶考威美术馆展、纽约文化中心展、纽约圣
　　　　　　约翰大学展。纽约福兰克加禄美术馆再展。波士
　　　　　　顿艾尔伯—兰敦美术馆再展。

一九七〇年　加州卡米尔莱克美术馆再展。

一九七一年　自巴西先后迁居至加州的"可以居"及"环荜庵"。
　　　　　　香港大会堂近作展。

一九七二年　洛杉矶安克鲁画廊举行画展，并获授"洛杉矶荣
　　　　　　誉市民"称号。
　　　　　　美国旧金山砥昂美术馆四十年回顾展。

一九七三年　台北历史博物馆回顾展。

一九七四年　台北历史博物馆与日本日华民族文化协会在东京
　　　　　　中央美术馆举办"张大千画展"。
　　　　　　应旧金山版画制作中心之请，制作两套版画。
　　　　　　美国加州太平洋大学赠予荣誉人文博士学位。

一九七五年　台北历史博物馆与韩国中韩艺术联合会在汉城国

立现代美术馆举办台湾当代画展，提供代表作
六十幅参展。

一九七六年　回台定居，暂居仁爱路云河大厦。

台北历史博物馆举办"张大千归国画展"。

一九七七年　回美国环荜庵小住两月。

赴台中，展近作。

在香港出版《清湘老人书画编年》。

在士林外双溪筹建摩耶精舍。

一九七八年　赴高雄举行个展。

八月迁入台北外双溪摩耶精舍。

应台南市政府之邀，赴台南展览近作。

在韩国举办"张大千画展"。

一九七九年　在香港中国文化协会参加"中国现代画坛三杰作
品展览"，与溥心畬、黄君璧展出近作。

一九八〇年　台北历史博物馆举办"张大千书画展"。

一九八一年　台北历史博物馆近作展。

应邀参加法国巴黎赛努奇博物馆举办的中国国画
新趋势展。

开笔绘制《庐山图》长卷。

一九八二年　《张大千书画集》出版。

一九八三年　四月二日病逝，骨灰安葬于摩耶精舍梅丘下。

家属遵遗嘱，将摩耶精舍及所收藏之古代书画悉
数捐赠国家。